LA TRISTESSE DE GAÏA

"Manifestes"

ISBN 978-2-330-15651-0

PIERRE RABHI

La Tristesse de Gaïa

De l'effondrement
à l'émerveillement

ACTES SUD

SOMMAIRE

INTRODUCTION

"Un jour, une planète venue de l'espace rencontre la nôtre :

– Oh ma pauvre amie, comme tu es dépenaillée, tu sens mauvais, tu sembles bien mal en point ! Qu'est-ce qu'il t'arrive ?

– Ne m'en parle pas, j'ai attrapé l'humanité !

– Ah, ce n'est que cela ? Moi aussi je l'ai attrapée, je m'en suis guérie et à présent je vais très bien."

Cette courte histoire, attribuée à Gorbatchev (si ma mémoire est bonne), n'est pas seulement amusante : elle est à méditer sérieusement et sans modération, comme une incontestable vérité, une invitation à la remise en question.

Face au désastre écologique que nous vivons actuellement, le "tout est fichu" s'imposerait en toute logique à la conscience. Nombre de lanceurs d'alerte envoient ce message au monde, comme un cri de désespoir. Admettre cela, c'est d'ores et déjà être vaincu. Pour ma part, je prétends que le "il est trop tard" doit donner plus de force au "il est encore temps" – mais sans perdre de temps, et c'est dans cet état d'esprit que j'écris ces lignes.

Il est certain que le tragique adage disant que l'humanité court à sa perte ne cesse de se confirmer.

À considérer l'impact négatif sur la vie dont nous, êtres humains, sommes capables et coupables, nous sommes à l'évidence une catastrophe écologique majeure. La maison brûle : nous sommes les incendiaires et nous traînons les pieds pour éteindre ce désastre en regardant ailleurs, pour reprendre une célèbre expression de Jacques Chirac.

Face à la nébuleuse de concepts et de vœux pieux, souvent stériles, qui caractérisent notre actualité mondiale, il m'a paru utile de témoigner d'un engagement concret, parmi bien d'autres, en faveur d'un changement qui s'avère indispensable pour arrêter les dérives actuelles, extrêmement préjudiciables à un avenir fantôme dont les générations futures auront à assumer les aléas.

Depuis soixante ans, le choix d'existence que nous avons fait, Michèle et moi, a consisté à vivre autant que possible en symbiose avec la terre nourricière, avec cette réalité tangible et mystérieuse que nous appelons la nature. Prendre soin de cette Terre-Mère a été une expérience nourrissante pour le corps, l'esprit et le cœur. Elle a inspiré ma réflexion sur la réalité du monde, et mes perceptions de ce monde m'ont conduit à certaines options déterminantes, dont la création de projets et structures favorables au respect de la vie. Témoigner de cette expérience m'a paru comme un "devoir", dans une société planétaire en déshérence. C'est ce que je m'emploie à faire depuis plus de cinquante ans par les écrits, les conférences, les projets et les rencontres.

Au-delà d'un itinéraire riche, nourrissant, productif, reconnu, et non sans douleur, l'option la plus essentielle de mon existence reste notre choix de vivre le plus possible dans la nature, avec la nature, pour la nature. Le caractère ordinaire ou banal de ce mode de vie sous le regard de l'anthropologue scrutant l'histoire millénaire revêt un aspect extraordinaire dans le contexte de notre monde, de plus en plus déconnecté du vivant pour en être que plus destructeur par ignorance.

Je ne prétends évidemment pas donner de leçon, mais simplement affirmer, avec humilité, réalisme et détermination active, qu'une autre logique d'existence plus joyeuse n'est pas seulement possible mais impérative, avec pour condition de reconnaître les lois de la vie à laquelle nous appartenons.

Au vu des évolutions sociales, l'exclusion humaine tous azimuts est une tragédie sans précédent. Car c'est bien de cela qu'il s'agit potentiellement : l'être humain pourrait bien, d'ici quelques décennies ou années seulement, s'éradiquer lui-même.

Le processus est en marche.

Le virus universel qui sévit au moment où j'écris*, insignifiant en comparaison avec d'autres enjeux potentiels, nous permet d'évaluer notre impuissance à neutraliser l'imprévu. Le constat n'est pas très rassurant. Car rien ne nous garantit, dans un climat de désorganisation globale, qu'un germe infiniment plus offensif puisse advenir et provoquer des hécatombes plus cruelles encore.

La pléthore de thèses et antithèses concernant la problématique contemporaine ne peut suffire à changer l'orientation de l'histoire. Des options tangibles et salvatrices dont la société civile est déjà ensemencée, avec des alternatives réalistes, doivent rapidement contaminer les consciences de bonne volonté. Convaincues qu'un autre monde paisible, jubilatoire et bienveillant, est réellement possible, ces consciences doivent se coaliser.

Cependant, rien ne pourra vraiment changer si notre conception de la vie reste prisonnière du non-sens qui sert de canevas à nos agissements destructeurs. Il est du devoir des consciences éveillées de promouvoir cette mutation. Les contentieux millénaires et autres combats qui jalonnent notre histoire ne peuvent perdurer au risque de

* Nous sommes en 2020, en pleine crise sanitaire mondiale liée au Covid-19.

notre propre résiliation. Se relier et se rallier à la véritable intelligence d'une conscience en éveil, au service de la vie et de son organisation naturelle, est pour moi ce que l'on appelle "écologie". Notre compréhension des lois de la nature et notre obéissance à celles-ci mettraient fin à cette faconde stupide qui tente encore de nous faire croire en la supériorité de l'être humain sur le vivant. Si tel était le cas, serions-nous en train de détruire ce qui nous permet d'exister ?

Ce ne sont pas les initiatives ni les alternatives qui font défaut. Elles foisonnent, sur tous les continents, mais sont encore trop peu relayées et prises en considération. Ce que nous appelons les "médias" a pourtant comme magistère de nous relier quotidiennement à l'état du monde, ou plutôt à l'état d'un monde : celui des organisations dominantes qui nous soumettent massivement à leur logique.

En ces années 2020, nous sommes donc "informés", voire "surinformés", le plus souvent en temps réel, c'est-à-dire régulièrement privés de tout espace de méditation et d'intégration dans le fleuve en crue des événements. La crise sanitaire nous a permis de mesurer notre absence collective d'anticipation et d'efficacité face aux impondérables, en dépit de moyens de communication sans précédent.

Nous avons appris, en 2019, puis en 2020, entre autres nouvelles tragiques, que de gigantesques incendies ravageaient de grandes forêts en

Australie, au Brésil, aux États-Unis, occasionnant la destruction atroce de toutes les créatures dont elles étaient le refuge, saturant l'atmosphère de fumées toxiques. Cela s'ajoute au ravage continu de ces mêmes forêts, océans et autres écosystèmes inexorablement pillés pour assouvir la cupidité grandissante, fille de la peur de manquer que le "chacun pour soi" exacerbe et justifie.

Avec *La Planète au pillage*, édité en 1948, Fairfield Osborn avait et a de plus en plus raison. La souffrance des végétaux et des animaux est pour moi une réalité concrète car il me semble que tout ce qui vit est passible de ce phénomène. J'entends leur douloureuse agonie.

Pourtant, à l'échelle médiatique ou politique, cette destruction semble considérée comme moins importante que les querelles humaines incessantes qui saturent l'actualité et continuent de faire diversion. Comme l'ont dit certains, "l'heure est venue" de sortir de ce vaste et désastreux malentendu pour nous consacrer enfin à l'essentiel.

Comment ne pas reconnaître que "la tristesse de Gaïa", titre du présent ouvrage, est avant tout la mienne face au désastre grandissant dont témoignent les chiffres : 70 % des espèces sauvages disparues au cours des cinquante dernières années, diminution de 80 % de la masse des mammifères terrestres, 75 % des sols et 40 % des milieux marins dégradés avec un impact direct sur l'avenir alimentaire de milliards d'êtres humains, plus de 140 millions de réfugiés climatiques concernés par la montée des eaux et des centaines de millions à venir si le climat continue de se réchauffer… Ce ne sont là que quelques points, parmi d'autres, des effets de nos modes d'existence modernes.

Comment en sommes-nous arrivés là ?

L'HUMAIN, ÊTRE DE TOURMENTS

Ce mammifère pensant que nous sommes couve, entretient et nourrit une peur occasionnée, en grande partie, par la conscience de sa nature périssable. Quelle que soit sa classe sociale ou sa fortune, l'angoisse de l'humain ne cesse de croître devant le mur d'incertitudes qui se dresse face à lui. Il n'y a, certes, rien de plus équitable que la mort et de plus inéquitable que les agonies qui la précèdent, sous leurs formes diverses. Selon la zone terrestre où nous naissons, nous occupons le temps qui nous est accordé dans l'opulence rassurante ou dans la rareté des ressources. Mon expérience m'apprend qu'un bien matériel ne soulage pas forcément un mal de vivre, ou plutôt un mal de mourir qui semble alimenter l'angoisse.

Le fameux progrès technico-scientifico-lucratif, réservé à une minorité de “civilisés”, ne compense que partiellement notre vulnérabilité face à notre finitude. Ceux qui bénéficient de conditions matériellement confortables sont fréquemment redevables aux ressources des pauvres dans la configuration Nord-Sud. Ceux-ci acclament pourtant, dans des liesses de dupes, les roitelets corrompus censés les protéger et défendre leurs intérêts. La corruption, à l'échelle des nations et des institutions, est un mal absolu, à l'état le plus impur. Elle est une peste qui pervertit les échanges. Par une iniquité de nature quasi métaphysique, proliférant dans le cœur d'humains avides d'un plaisir éphémère susceptible d'apaiser leurs tourments, elle s'impose au détriment de la joie. Cet état suprême, à nul autre pareil, peut déserter les palais pour d'humbles demeures de terre tandis que la corruption, tapie dans l'âme de ceux qu'elle domine, profite souvent de leurs failles pour, *in fine*, les anéantir moralement.

D'aucuns savent que j'ai moi-même vécu une incursion dans le monde politique à l'occasion des élections présidentielles françaises de 2002, incité et porté par un groupe d'amis enthousiastes. Ce fut une expérience riche, initiatique, apprenante, et surtout une rencontre avec le public et l'animation d'un incroyable débat démocratique invitant les citoyens à donner leur avis sur l'état de la société et révélant, autant que possible, leurs aspirations.

Aujourd'hui encore, je pense que la machine politique n'est pas la plus adaptée au changement espéré. La formule de Gandhi, "Soyez le changement que vous voulez voir advenir dans ce monde", est d'une telle évidence qu'elle se passe de commentaire. Nous sommes, chacun, responsables de ce changement.

La caractéristique la plus frappante des temps actuels reste, comme autrefois sans doute, l'ampleur abyssale des pulsions négatives qui nous dominent, mises en relief par notre redoutable efficacité à modifier notre environnement par ce que l'on nomme "le progrès technologique". L'éradication de l'humanité par elle-même est incontestablement rendue possible : les champignons vénéneux de nos forêts ainsi que l'ensemble des poisons existant dans la constitution de la vie sont infiniment moins meurtriers que le champignon nucléaire que les nations dites "puissantes" se targuent de posséder et avec lequel elles se toisent en se faisant peur. Le "délicieux parfum du napalm" évoqué dans le film *Apocalypse Now* offre par ailleurs à la mort ses lettres de noblesse ! Une mort autoproclamée, en quelque sorte, qui nous donne peut-être l'illusion de maîtriser l'immaîtrisable jusque dans le choix des armes qui mettent fin à notre existence, nous soustrayant ainsi, croyons-nous, au seul dessein de l'univers et de ses lois. Le meurtre comme instinct n'est jamais éradiqué. Il a été si hautement et efficacement instrumentalisé qu'une justification rationnelle de ce progrès tueur est mise en échec. Les budgets internationaux consacrés aux meurtres sont abyssaux (1 760 milliards d'euros de dépenses militaires mondiales en 2019) et changeraient la face du monde s'ils étaient consacrés au bien-être de l'humanité et à la sauvegarde des écosystèmes.

Comme cela serait sublime : plus de guerre, plus de famine, plus de maladie, les mers et les terres respectées ! Qui ne partage pas ce rêve ? Est-il réalisable ? Incontestablement, il l'est. Pourquoi ne le mettons-nous pas en œuvre demeure l'éternelle question.

SOMMES-NOUS INTELLIGENTS ?

Sans vouloir être désobligeant ou simpliste, à vouloir s'appuyer à tout prix sur la raison, c'est la déraison qui semble triompher. L'intelligence vraie est, par essence, lucidité, et en aucun cas fille du cerveau qui n'en est que le révélateur. Elle ne doit plus être confondue avec nos aptitudes. Comment l'intelligence pourrait-elle valider, et même concevoir, la monstruosité avec laquelle notre espèce a déterminé et conçu le vivre-ensemble universel ?

Le simple bon sens est défié et aboli par la folie ambiante. Notre propension à détruire et dominer n'a, à ce jour, connu aucune trêve, comme l'histoire l'atteste et comme les informations quotidiennes le confirment. Cela occasionne d'infinies souffrances. Les humains ne cessent de s'enliser sur un chemin sans destination ni objet défini. Le fameux progrès moderne, en même temps qu'il a des avantages indéniables, a perfectionné l'efficacité de "l'art de détruire" par un mode de vie périssable qu'il est temps de réformer.

Que la terre qui nous nourrit soit stérilisée par des pratiques aratoires induites par l'ignorance travestie de science, que l'eau que nous buvons soit polluée par les molécules toxiques que nous créons, que l'air que nous respirons devienne, par nos comportements, impur pour nos poumons, que l'assassinat de masse des humains par les humains soit banalisé au point d'être glorifié, chanté et esthétisé : tout cela est en contradiction flagrante avec l'intelligence.

Celle-ci est à ne pas confondre avec l'intensité de nos aptitudes intellectuelles, capables de toutes les prouesses techniques.

Des milliards de cerveaux peuvent aujourd'hui être interconnectés par des moyens de communication fleurons du progrès technologique. Ils conçoivent, en mutualisant leurs compétences de spécialistes confirmés, de grandes œuvres perverses, sans vraiment savoir au final à quoi ou à qui dédier leurs créations, sinon à la maladroite tentative d'apaiser la peur viscérale qui nous domine et nous précipite dans une fuite sans fin ni but.

Pour sortir de ces tragiques malentendus, faire de Gaïa une sphère où il fait bon vivre plus qu'exister est l'œuvre la plus essentielle : il n'y a que l'intelligence qui puisse la réaliser. Une intelligence inspirée de l'ordre universel qui organise le vivant. Un autre monde est possible, à l'évidence. Un monde où nos vies, loin de cette existence d'otage qui s'échoue à regret sur les rives d'une existence manquée, seraient dévouées à la création. Nous savons que ce monde auquel nous aspirons profondément, pour nous-mêmes et nos enfants, peut advenir, avec la transformation positive et bienfaisante de ceux qui souhaitent son avènement.

À travers le présent texte, je propose une sorte de méditation sur la planète qui nous héberge et nous donne la vie. Les constats que je rappelle ici ne sont évidemment pas pour décourager mais plutôt pour interpeller. Le changement nécessaire est déjà à l'œuvre. Des consciences, inspirées par la bienveillance, ayant le souci du monde, ne cessent de s'éveiller pour agir en faveur du vivant. Dans le contexte actuel d'une société qui, selon Pierre Fournier, ne sait pas où elle va tout en y allant, il est légitime, pour chacune et chacun de nous sans exception, de se demander si nous sommes en accord ou en désaccord avec les lois irrévocables de notre réalité terrestre, garantes de notre pérennité, ou si nous en sapons les fondements par des transgressions incessantes que l'idéologie technoscientifique valide, un bandeau sur les yeux, soutenue par la cupidité universalisée avec la finance et le besoin de donner à Prométhée de plus en plus d'importance

La finance semble s'être approprié l'âme humaine pour la faire sombrer dans une logique déliée de toute vertu, tout en lui laissant croire qu'elle participe à son salut. Ainsi installée en ce lieu intime, des plus inexpugnables, la finance exerce sa malfaisance jusqu'à la folie, jusqu'au chaos mondialisé.

Pour lever les obstacles à cet indispensable déploiement de la conscience, nous devrons accepter de réviser nos priorités. La terrible et infantile mondialisation actuelle, organisée sur "comment donner à la finance encore plus d'importance" sur les bases d'un négoce fondé sur un précepte et un credo anthropophages (le fameux "mythe de la croissance"), soumet le monde vivant à sa logique destructrice, à un rythme sans précédent. Les outils de communication actuels, par écrans interposés, donnent les moyens d'une propagation planétaire instantanée. Dans ce désordre mondial de guerre économique, les uns jubilent de leur triomphe lucratif, les autres pleurent leur défaite mais, à l'heure venue, tout le monde compte ses morts. Quant à ceux du champ d'honneur, des monuments leur sont dédiés avec des mémoires de pierre comme pour immortaliser le souvenir de ceux qui ont payé le prix de notre modernité. Stèles silencieuses, perchoirs de volatiles familiers, au cœur du vacarme et des effervescences, le temps qui passe nous fait oublier que c'est nous qui passons, et qu'il n'y a rien de plus précieux qu'une vie.

L'envergure de l'ignorance universelle nous réduit à de petites créatures pensantes mais contingentes et éphémères, dans la démesure du temps et de l'espace. Une couronne sur la tête ou la conquête d'un empire ne change pas la donne. Tamerlan, Jules César, Gengis Khan, Bonaparte et bien d'autres potentats meneurs de foules rendues hystériques en savent quelque chose, dans l'empire du néant où ils se trouvent, sous un grand linceul de silence dont ils sont à jamais recouverts. Les livres d'histoire et les dictionnaires ne font que les rendre encore plus aphones, dérisoires, figés dans une symbolique déshumanisée qui sert de base pour conditionner nos enfants, les préparant ainsi à poursuivre loyalement cette œuvre absurde.

Il est pourtant une autre éternité qui révèle véritablement notre grandeur lorsque nous vibrons à la beauté de la vie sous toutes ses formes et aux principes universels de la nature, cette mère-matrice. Une belle, insistante et impérieuse injonction nous invite à l'aimer de tout notre cœur et de toute notre intelligence, à nous fondre dans la simplicité de ce qui est offert. Il suffit de contempler le ciel sans nuages, constellé d'étoiles par une nuit d'été, pour ressentir cet infini, comme un océan de silence, dont les limites restent hors de portée de tout entendement. Seul le mutisme, le "ne rien dire", en révèle la vraie nature et l'envergure. "Que c'est beau, que c'est beau", répétait le ravi Provençal avec toute la force de sa candeur et de son innocence. C'est ainsi qu'il a tout dit. Ni le Nazaréen ni le sage Bouddha n'en demandaient plus, si j'ai bien compris.

Admirer la nature qui nous entoure, aimer nos enfants tels qu'ils sont, contribuer humblement, dans la simplicité d'un mode d'existence dont le véritable luxe est de servir chaque jour les forces de vie universelles que nous avons l'infini privilège d'expérimenter, est ce que j'appelle "la puissance de la modération".

Incarner cette puissance a le double avantage de nous ramener vers la vie et de préserver celle qui nous entoure. Aucun grand plan, aucune politique, aucune idéologie de masse ne saura promouvoir cette simplicité salvatrice.

Il appartient à chacun de nous de la désirer et de la conquérir, sans plus attendre.

DE L'ESCLAVAGE NUMÉRIQUE

Certains aspects de notre vie peuvent paraître des obstacles insurmontables à la simplicité que nous recherchons.

À l'heure où nous avons l'obligation de sortir masqués, demandons-nous si cette nouvelle habitude n'est pas le prolongement logique d'une civilisation de l'écran. Que tentons-nous de cacher ou plutôt de nous cacher ? Les masques peuvent évoquer des muselières et les cravates des nœuds coulants, ornements vestimentaires. Sans tomber dans les abus de symboles, il me semble qu'il y a de quoi réfléchir…

Aujourd'hui, les cerveaux pris en otage par la prolifération des écrans et des télécommandes peuvent-ils encore servir la clairvoyance et être nourris par elle ? Une instillation d'informations de toute nature dénature leur fonction.

Par définition, l'écran est ce qui voile, ce qui soustrait à la vision. C'est ce que le langage proclame depuis des siècles. Un paradoxe particulier veut que l'écran qui s'illumine mette à la portée du cerveau humain presque toute information dont celui-ci aurait besoin. Cette information, vraie ou fausse, saine ou putride, ne comporte aucune fioriture susceptible de porter atteinte à l'image qui apparaît devant nos yeux. Elle s'impose, en dépit de tout. Nous avons affaire à cette réalité froide dont la modernité a fait son apanage, son miel et son triomphe en même temps que le règne de l'indiscrétion et d'un internet souvent "pas net" du tout.

En réalité, les écrans que nous croyons regarder nous observent, et tandis que nous pouvons déprimer ou souffrir, ils restent indifférents, totalement zen. Jamais nous n'aurons passé autant de temps en compagnie d'objets, à les caresser, les effleurer, les prendre en main, les porter contre nous, tout en leur offrant une attention de nature quasi hypnotique.

Alors que nous les prenons pour des outils de création, les écrans possèdent nos cerveaux et déterminent nos agissements. Nous n'avons plus cet espace légitime, celui de notre tanière individuelle intérieure, où nos secrets peuvent éclore en totale liberté. Tout est sous contrôle, au-delà de ce que nous pouvons imaginer, puisque nous confions notre cerveau ainsi augmenté à la responsabilité des quelques mages qui dirigent les multinationales dont nous sommes dépendants jusqu'au cœur de notre habitation.

Les visions d'anticipation romanesque d'un peuple sous emprise de la matrice sont devenues réalité. L'ensemble des cerveaux des civilisés capables d'en user tète la mamelle numérique jusqu'à plus soif, dans une addiction effarante qu'il est de plus en plus difficile de remettre en question, au grand dam de certains parents soucieux pour l'avenir de leur progéniture.

C'est ainsi que, passager d'un TGV Paris-gare de Lyon pour Montélimar, ma destination, j'entre dans un wagon archi-comble. L'ambiance est celle d'une chapelle : le silence y est parfait car la plus grande partie, sinon la totalité des passagers, est équipée de petits ou grands outils… de communication ! J'ai observé un jeune homme qui, durant tout le trajet, n'a pas jeté un seul regard sur le paysage défilant sous nos yeux. Cette merveilleuse opportunité d'observer le vivant, caractéristique de l'humain, a été confisquée par la toute-puissante virtualité. Adieu la convivialité d'antan, créatrice de liens, qui donnait aux voyages une saveur humaine, au hasard des rencontres ! Psychiquement barricadés avec leurs écouteurs rivés aux oreilles et la lumière bleue de leurs écrans magiques, les voyageurs constituaient un agglomérat ordonné d'étrangers les uns aux autres, avec une gestuelle digne des robots. Ce wagon devenait une sorte de désert où anonymat et indifférence ravalent les individus au rang d'insectes connectés se côtoyant sans se rencontrer.

Le plus préoccupant est que ce microcosme est la représentation de ce qui est en train de s'universaliser, faisant de la planète commune un bateau ivre, guidé par certains capitaines à peine sortis des limbes de l'ignorance et auxquels le très utile suffrage universel de citoyens non éveillés attribue les pleins pouvoirs. Il suffit de constater objectivement l'état du monde pour en être convaincu. J'ai été, en cette occasion, identifiable à un original décalé, un archaïque, selon les critères de la normalité, telle que le monde d'aujourd'hui l'a établie. Engager une conversation avec son voisin soit dérange, soit permet d'abolir la barricade mentale rendue inexpugnable par l'indifférence volontaire ou la crainte. Il m'est arrivé parfois de briser malgré moi le silence, reconnu par quelque voyageur curieux de m'entendre sur des sujets d'actualité. Je me trouvais ainsi jusqu'au bout du voyage au cœur d'une conversation profonde, animée et soutenue par plusieurs participants rassemblés, ayant quitté leur place attitrée pour nous rejoindre dans la discussion. Mais le plus souvent, ce n'est pas le cas, le silence et la consécration de chacun à son monde numérique étant devenus rituels. Ainsi, lorsque le train déverse dans chaque gare son fret humain, il rejoint sa destination et se met en silence, mission accomplie, en attente d'un nouveau fret humain tout aussi comateux qui nous rappelle que notre monde moderne est organisé en réseaux, et que nous sommes nous-mêmes de simples éléments du flux géré par le système.

Ah, la modernité n'a pas fini de nous surprendre ! "La science n'a pas dit son dernier mot", dit l'adage. L'inspiration humaine par la science, selon les consciences, peut servir le meilleur (et elle le fait) ou le pire du pire. Ainsi, le meilleur est incontestable et notre gratitude va aux scientifiques bénéfiques à la condition humaine sous l'égide du mieux, du bien-être et du bien-vivre. Ces réussites ne peuvent servir de caution pour valider aveuglément tout ce que la science produit. Rester libres de nos pensées, de nos actes et de nos choix de vie demeure une priorité absolue qu'il nous faut reconquérir d'urgence.

On ne mesure pas assez les nuisances qu'entraîne l'univers virtuel sur l'éveil de l'esprit des enfants, de plus en plus virtualisés et éloignés de l'initiation au tangible et pour le tangible. Les enfants, on ne le répétera jamais assez, sont beaucoup trop prématurément livrés à la fascination de cette technologie à double tranchant. Les claviers et la souris produisent de l'infirmité, abolissant une habileté manuelle séculaire et le développement cognitif qui l'accompagnait. Des spécialistes observent d'ores et déjà un amoindrissement significatif de l'attention, de la concentration, de la mémoire et le recours prématuré aux lunettes induit par la fixité des yeux sur les écrans lumineux. L'évolution vers des "sous-hommes et des super-machines" est déjà bien engagée, comme chacun peut en faire le constat.

L'infirmité consécutive à ces nouvelles pratiques et l'impuissance graduelle de l'homme moderne à s'accomplir dans l'autonomie de son potentiel biologique s'orientent vers leur apothéose, en généralisant et augmentant la sophistication des outils qu'il crée. Ne parle-t-on pas déjà d'homme "augmenté" ? Comment pouvons-nous envisager de confier nos existences et celle de nos enfants à un commerce de prothèses et de logiciels dont nous ne saurons plus nous passer dès lors qu'ils s'imposeront comme une nouvelle manière de faire société ?

Le temps est plus que venu de revendiquer notre autonomie, dans nos propres pratiques et leur transmission à nos enfants. Sans renoncer à la machine en tant qu'outil, lorsqu'elle est nécessaire, le seul antidote efficace reste le choix d'adopter des modes de vie proches de la nature et des ressources qu'elle offre pour la plus essentielle des connexions : celle qu'elle nous permet d'établir avec nous-même, avec notre corps physique, avec notre créativité, avec les autres en tant que partenaires solidaires de notre exploration terrestre et avec l'ensemble du monde vivant qui nous entoure.

NOUS RECONNECTER À NOTRE VÉRITABLE NATURE

En réponse aux questionnements qui tourmentent l'humanité depuis la nuit des temps, nous avons tenté toutes les méthodes, doctrines, politiques, morales, religions, philosophies. Elles ont tour à tour nourri les antagonismes meurtriers les plus barbares et abouti le plus souvent à de retentissants échecs, y compris lorsque l'inspiration fondatrice reposait sur des intentions positives telles que le partage, l'égalité, la solidarité ou le confort. Nous observons que tout système, si vertueux qu'il paraisse, est investi tôt ou tard par des passions qui s'imposent et s'obstinent à mettre du sable dans ses rouages.

Le Nazaréen, considéré par l'islam de mon enfance comme un incontestable et immense prophète, l'a dit et redit : pour procéder à une véritable mutation de nos consciences et de nos actes, l'amour est l'énergie indispensable. Il faut donc définitivement cesser de croire que la métamorphose attendue se réalisera sans la transformation profonde de l'humain, ou plutôt sans sa reconnexion à sa véritable nature. Cette démarche intime incombe à chacune et chacun de nous. Rien n'est plus rationnel que cette affirmation.

L'amour en actes est une recherche qu'il convient d'accomplir en soi, car rien ni personne ne peut réaliser ce chemin à notre place. Cette élévation de conscience doit nous guider vers des actions plus justes envers nous-mêmes, les autres et la nature.

Si les enfants étaient accueillis dans la tendresse et le respect, si leur éducation cessait d'être compétitive, poussée par l'ambition et la peur de manquer, nous ferions un pas de géant dans la construction d'un vivre-ensemble apaisé. Nous devrions exalter la puissance de la solidarité et celle du contentement par la sobriété, au sein d'un environnement naturel qui nous inspirerait gratitude et émerveillement continus.

J'ai conscience qu'utiliser le terme "amour" comporte des risques d'incompréhension ou d'interprétation sans fin. Peut-être penserez-vous que je suis devenu ce vieux fou délirant dont il faut se détourner pour se consacrer encore et encore, les sourcils froncés, à de plus "sérieuses" analyses sur ces plateaux télévisés inondés de lumière électrique (que je fréquente moi-même de temps en temps). Mais je pose la question : avons-nous encore le temps ?

La plupart des cultures dédient le terme "amour" à la seule question basique de la reproduction biologique et de ses corollaires. Hélas, cet amour-là enfante trop souvent le désamour, et même la haine la plus meurtrière, comme le révèlent certains faits divers.

L'amour est l'énergie la plus essentielle qui soit et demeure la seule ressource véritable pour transformer notre condition. Plusieurs grands messagers l'ont rappelé il y a bien longtemps déjà, certains au prix de leur vie. L'amour est un état. Il se vit plus qu'il ne s'enseigne. Aussi, je ne saurais théoriser davantage, en dépit de tout ce que les mots permettent.

C'est cet amour vibrant que m'inspire Gaïa, notre planète, ainsi que tout ce qui y vit. Puissent ces pages contribuer humblement au changement positif que nous devrons accomplir pour nous-mêmes, nos enfants et les générations à venir, si toutefois nos malfaisances ne leur infligent pas la pire des sanctions, à savoir l'impossibilité d'exister.

Changer pour ne pas disparaître est, à l'évidence, l'injonction la plus rigoureuse.

Aimer, soigner et prendre le plus grand soin de Gaïa serait la preuve que l'intelligence existe : de la puce au séquoia ou à la baleine, rien n'est séparé de rien. Reconnaître et respecter cet ordre pour mieux y contribuer est la seule voie digne de l'intelligence.

RECONNAÎTRE L'INTELLIGENCE

L'état du monde ne cesse de nous déconcerter. L'aveuglement brutal de notre espèce, trop souvent belliqueuse et cupide, empêche d'accomplir cette élégante intervention inspirée par l'intelligence suprême. J'entends par intelligence suprême ce que d'aucuns appellent l'indicible, que j'appellerais quant à moi le Divin : ce sur quoi on ne peut rien dire mais dont on sait qu'il est.

Pourtant, c'est "ce sur quoi on ne peut rien dire" qui suscite des controverses et produit les pires exactions de l'homme contre l'humain, comme en témoignent les horreurs qui n'ont jamais cessé de proliférer et de se répandre au nom des religions et des idéologies. Le Divin est l'objet de théologies contradictoires, de bibliothèques archicombles livrées à la stagnation et à la poussière, de conflits dus à des interprétations qui échappent à la sagesse de Socrate dont l'humble sentence, "Tout ce que je sais, c'est que je ne sais rien", a traversé les siècles.

Les croisés allant délivrer le tombeau du Christ ont trouvé une noble cause pour piller les richesses du fascinant Orient. Ainsi, le Christ, chantre de l'amour absolu, a lui-même servi de caution à de nombreuses malfaisances.

On ne peut que constater que le monothéisme non seulement n'a pas apaisé le monde, mais l'a enflammé comme un incendie spirituel pour anéantir la vérité, au service de la domination et du pouvoir sous-jacent qui caractérisent nos impulsions, quel qu'en soit le prétexte.

En dépit de nos échecs redondants, nous ne devons pas occulter l'intention positive ni l'authenticité aimante nées dans ce galimatias pour ensemencer l'histoire et donner sens à notre aventure terrestre. Merci à ces âmes bénéfiques auxquelles nous devons un réel progrès de conscience pour propager l'énergie "Amour" et faire valoir cette véritable intelligence que je crois seule capable de générer l'harmonie. Le fait de l'avoir nommée et reconnue nous donne l'opportunité de nous y relier et la force de surmonter notre penchant primaire de prédation non seulement légalisée mais admirée.

Les diverses structures, qu'avec amis de cœur et d'entendement nous avons fait naître*, en

* Pierre Rabhi a inspiré et contribué à la création de diverses structures pour la terre et l'humanisme dont l'ONG Colibris (www.colibris-lemouvement.org) et l'association Terre & Humanisme (www.terre-humanisme.org).

dépit des défis humains que nous devons encore surmonter, témoignent de notre espérance en un autre monde digne de l'intelligence à laquelle nous devons notre incarnation et dont toute la création semble témoigner. Il est plus que jamais indispensable de distinguer aptitude et intelligence. Fabriquer des bombes atomiques ou des missiles ultraperfectionnés nécessite beaucoup d'aptitudes mais il n'est pas intelligent de les produire, sachant le désastre inouï qu'ils peuvent provoquer.

C'est comme si l'accumulation des savoirs aboutissait à la négation du savoir. Cet étrange paradoxe ne nous saute pas aux yeux ni à l'entendement.

En quête de sécurité, nous produisons sans cesse les ingrédients d'une insécurité grandissante. Les nations ayant la prérogative de foudroyer les autres bombent stupidement le torse. L'équilibre de la terreur est, par définition, en contradiction avec l'équilibre de la paix qui serait un choix infiniment plus élégant et jubilatoire. Allez comprendre le sens de ces gabegies pour pallier un ordre dont la sagesse, la bienveillance et l'amour devraient être les fondements !

J'ai suffisamment été témoin, dans mon désert natal, des forces de reconstruction pour continuer de croire en elles. Il suffit d'une pluie abondante pour voir les dunes "stériles" reverdir de graminées qui, toutes affaires cessantes, se dépêchent de produire les graines de la pérennité.

La vie veut vivre et nous ne l'interromprons pas.

Le risque qu'advienne la fin à notre avènement humain, évalué à une minute et demie sur une échelle de vingt-quatre heures depuis la naissance de la planète, constitue une probabilité des plus éloquentes. D'autant plus que, contrairement à de nombreuses espèces, victimes innocentes de conditions biologiques et écologiques défavorables, nous sommes nous-mêmes générateurs de cette conjoncture inadéquate qui pourrait engendrer notre extinction.

Même le monothéisme, qui clame haut et fort que la création est l'œuvre sacrée de Dieu, n'a pas fait grand-chose pour lui éviter la profanation. Quant à l'athéisme, gonflé par sa rationalité, il se dit libéré des chimères et des croyances métaphysiques, fuyant ainsi le fameux opium du peuple. Il devient au final une nouvelle religion à laquelle se rallient de nombreuses personnes dont la posture veut exprimer qu'elles ne sont pas dupes de toutes ces superstitions. Conforté par un rationalisme anthropocentré, ce postulat disqualifie une perception plus globale de la réalité dont le pouvoir est de donner leur juste mesure à toutes les manifestations de la vie.

Ainsi, Gaïa sert de théâtre à toute cette foire aux croyances, génératrice de tant d'exactions de l'homme contre l'humain, de l'homme comme la plus grande catastrophe écologique.

Cela n'est pas l'intelligence.

Si, dans nos sociétés modernes, la vision scientifique semble prévaloir sur toute explication du monde, le cerveau humain dont elle est issue, prodigieux organe de spéculation tous azimuts, n'est pas encore en mesure de percer les grands mystères de nos origines. Ce cerveau, fabricant de concepts, est aussi la cause des grandes dissensions religieuses, idéologiques et de tout ce que nous cherchons à mettre en lumière sans vraiment y parvenir, y compris dans nos réflexions les plus intimes. Il semble même, en quelque sorte, que plus nous croyons savoir et moins nous savons.

La légende de l'éléphant et des aveugles est, en l'occurrence, une métaphore qui traduit bien la confusion où nous sommes. Selon la partie anatomique palpée par les non-voyants, un éléphant serait une barrique, un serpent, une colonne, etc. Notre cerveau, en dépit de ses incroyables aptitudes à percevoir, concevoir, organiser et tirer parti de la matière, n'est pas davantage capable d'appréhender la totalité de la réalité. Il n'en perçoit que des fragments qu'il décrit et défend par ses raisonnements limités.

La planète Gaïa, comme réalité tangible, a l'avantage de nous mettre "les pieds sur terre". Rappelons que nos aïeux l'ont conçue comme plate pendant de longs siècles. Sa rotondité, devenue évidence pour nous, ne leur était pas concevable. Comment ne pas envisager que nous avons encore bien des mystères à élucider hors des limites de notre état de conscience actuel ?

Nos descendants s'étonneront sans doute de notre ignorance.

Les êtres humains dits traditionnels, peu nombreux, que la "civilisation" n'a pas encore anéantis, sont le plus souvent dans une cosmologie investie de croyances imagées, comme autant d'intuitions reçues par des initiés dont la parole est considérée comme "sacrée".

Plutôt qu'inspirer le mépris ou imposer l'abdication de cette vision holistique devant la prééminence d'une science toute-puissante, et parfois imbue d'elle-même, les récits primitifs me paraissent dignes d'intérêt. Ils peuvent sembler naïfs mais sont en réalité porteurs de profondes sagesses. L'extinction programmée des peuplades autochtones mettra fin, par la rationalité tueuse de traditions séculaires, à ces perceptions oniriques libératrices du "cauchemar climatisé" où l'objectivité froide, sans esprit, nous a incarcérés. Adieu les rêves avec lesquels notre enfance échappait à ce réalisme d'autoclave ! Un monde d'où le rêve, la poésie et l'esprit sont évacués se transforme en cauchemar.

Il est heureux que les humains aient été des rêveurs, créateurs de contes et de légendes pour nourrir leurs âmes et exprimer l'inexprimable. Seul demeure comme un regret le souvenir de cette magnifique innocence qui nous touche lorsque nous admirons l'enfant que nous fûmes nous-même, avant que l'éveil à la réalité n'obscurcisse, n'attriste et ne comble de peurs nos âmes d'adultes désabusées, réduites, submergées d'appréhensions crues, comme déconnectées de l'essentiel.

Le temps de comprendre le principe supérieur qui a ordonné la vie à laquelle nous devons notre réalité est de plus en plus urgent. Point n'est besoin de scruter les profondeurs célestes ou d'inspecter les représentations mentales intimes qui naissent de nos prières pour accéder à celui-ci. Un jardin, une forêt, un lac, un animal sauvage, un enfant ou même un simple grain de blé témoignent de l'extraordinaire puissance du mystère à l'œuvre et de sa vertigineuse perfection. L'ensemble de cette "création" tente chaque jour de nous dévoiler l'immensité sans pareille de ses trésors au service de notre survie et de l'enchantement de nos vies.

Après bien des spéculations, croyances et autres hypothèses, le temps est venu de nous rendre compte que chacune et chacun d'entre nous est l'œuvre de cette intelligence véritable, empreinte de l'énergie d'amour que j'évoquais préalablement.

C'est ce que je nomme "la convergence des consciences" au-delà des cultures et appartenances.

Pourrions-nous devenir les serviteurs dévoués de toute cette beauté ? Pourrions-nous abandonner querelles d'ego et antagonismes stériles pour servir, ensemble, avec dévouement, la raison d'être de toute vie sur Terre ?

GAÏA, TERRE-MÈRE NOURRICIÈRE

Un jour d'été, dans notre ferme de Montchamp, assis autour d'une table, nous venions de finir un repas convivial et joyeux. L'un des convives déclarait que la faim dans le monde était due au nombre excessif d'êtres humains sur la planète. Pensant au nombre tout aussi excessif d'affamés agonisants comme des damnés, je lui suggérais avec, je le reconnais, un certain agacement, dont je me suis repenti, de se supprimer lui-même, ce qui aurait comme effet de réduire cette coupable démographie… Si tous ceux qui déplorent la situation contribuaient à l'améliorer par leur engagement actif, le problème pourrait être allégé voire résolu.

Car la faim dans le monde est fille de l'égoïsme des rassasiés.

La pénurie alimentaire, faut-il le répéter inlassablement pour l'ancrer dans toutes les consciences, n'est pas due à l'indigence de Gaïa ou à la surpopulation démographique sans cesse invoquée entre la poire et le fromage par les repus auxquels j'appartiens, mais à une avidité pathologique d'une partie des enfants de Gaïa. La faim due à la surpopulation n'est plus supportable à entendre et, comme déjà mentionné, ce sont les repus qui ont conçu, proclamé et propagé cet argument. Je ne suis pas, pour autant, favorable à une prolifération humaine débridée et non modérée dont les conséquences seraient l'augmentation de la désolation. Les spécialistes en la matière nous apprennent qu'un cinquième de la population humaine consomme les quatre cinquièmes des ressources nécessaires à la totalité des Terriens, par voie de corruption et de spoliation légalisée par le lucre et les violences de toute nature, tares imputables aux politiques du tiers-monde, en particulier. L'instabilité des uns profite à la stabilité des autres et des milliers d'enfants meurent de ces joutes ridicules aux conséquences inqualifiables.

Je ne prêche pas pour la prolifération exponentielle de l'espèce humaine mais simplement pour la générosité et le partage dont nous serions capables si nous vivions en paix, en mettant l'ensemble des besoins vivants au centre de nos préoccupations. Car, le potentiel nourricier de notre biosphère étant considérable, le contentement de tous n'est pas une chimère. La violence et la destruction dont Gaïa est le théâtre permanent diminueraient et, pourquoi ne pas rêver, disparaîtraient. Ainsi, l'amour, l'attention, la prospérité nourricière donneraient à notre histoire une élégance, une intelligence et une puissance capables d'inverser le processus morbide que nous subissons actuellement.

Dans de nombreuses traditions, Gaïa est perçue comme la mère de toutes les créatures vivantes qui se nourrissent, se reproduisent et prospèrent en son sein.

Il me semble que les innombrables créatures qu'elle héberge ne pourraient être vivantes si elle ne l'était pas elle-même. Son cœur de feu m'évoque notre propre organe cardiaque, animé d'ondes et de vibrations telluriques. Sa croûte est comme une peau protectrice et féconde. Ses fleuves, océans et nappes phréatiques s'apparentent aux flux sanguins qui irriguent l'organisme. Sa végétation est semblable à une pilosité folle et variée habitée d'innombrables êtres vivants. Et ne dit-on pas de ses grandes forêts qu'elles agissent comme un poumon qui inspire et expire ?

Mes promenades intérieures sur les sentiers de mes songes m'incitent à considérer Gaïa comme une sphère pensante. Peut-être est-ce l'absence douloureuse de ma propre mère, décédée lorsque mon frère et moi étions si jeunes, qui me prédispose à entendre les murmures de cette Terre-Mère, impérissable quant à elle, dont l'expression universelle, réconfortante, semble résonner en chacune de mes cellules.

Sphère consciente ? Cette hypothèse encore et toujours s'impose à ma raison. Celle-ci m'invite à être raisonnable, sans jamais y parvenir. Je prends, par conséquent, le risque d'être classé parmi les mystiques délirants qui ont pour effet de renforcer le sentiment des rationalistes purs et durs d'être dans le vrai. Je me surprends à rêver que Gaïa sait mieux que personne pourquoi l'humanité s'enlise et ce qu'il faudrait pour qu'elle surmonte ses propres écueils. Je la vois telle une mère attentive et dévouée qui accorde à sa progéniture l'exercice inconditionnel de la liberté en lui laissant le soin de tirer les conclusions de ses erreurs d'après les indices que, dans son indéfectible bienveillance, elle consent à révéler pour les progrès de la conscience. Il s'agirait donc de l'initiation, au sens réel du terme.

Comment ne pas voir Gaïa comme un vaisseau spatial fascinant, une lente explosion de vie explorant tous les possibles, peinte d'une créativité et d'une générosité infinies, dans un enchantement de formes, de couleurs, de sensations et d'expériences susceptibles de gonfler nos cœurs de la joie la plus accomplie ?

Notre véritable trésor commun est la biodiversité, et avant toute chose celle qui nous permet de nous maintenir en vie et en santé. Le fait de pouvoir cultiver notre joie de vivre et notre jardin dans le même élan vital m'emplit de gratitude et d'espoir, à la condition que les êtres humains puissent trouver, dans la vaste féerie vivante, leur juste place. Les procédés culturaux inspirés par l'intelligence de la vie, telle la permaculture, nous livrent quelques pistes, en proposant de voir l'harmonie naturelle comme une école d'inspiration et de coopération où les passions humaines abdiquent au profit de l'abondance simple et joyeuse des écosystèmes où nous retrouverions, enfin, une existence paisible.

Un chapitre passionnant de l'histoire humaine s'ouvre peut-être devant nous.

POUR UNE IMPÉRATIVE CONVERGENCE DES CONSCIENCES

Sur le registre anthropologique, les mammifères humains survivent, vivent, pensent, s'organisent en sociétés et agissent selon des idées. L'essentiel étant de comprendre d'où viennent ces idées qui influencent nos comportements collectifs. Les humains prétendent généralement que le passage d'une vie primitive à la civilisation est un signe de progrès. De civilisation en civilisation, ce progrès, de plus en plus complexe, diversifié et abstrait, devient planétaire, virtuel, déconnecté de la nature. Nous allons vers un mode d'existence "hors sol". En guise de progrès, cette complexité ajoute de la confusion, de la dépendance et une morbidité galopante que nous aurons de plus en plus de difficulté à maîtriser. Plutôt que nous libérer, nous nous éloignons de la simplicité d'être en vie au profit de la complexité d'une existence toujours plus dépendante d'un progrès ambigu dont les promesses exigent des contraintes sans cesse augmentées. Nous devions gagner en liberté grâce à des évolutions techniques et scientifiques destinées à nous affranchir d'une vie primitive, prétendument contraignante et insécurisante. En réalité, nous n'avons conquis ni la liberté ni la sécurité, et nous continuons de lutter contre le vivant au nom de cette quête illusoire devenue criminelle.

Je pense qu'un être humain est une conscience enrobée de chair. Cette conscience demande à s'éveiller de plus en plus pour notre affirmation humaine vers un mode de vie adapté à nos véritables besoins et à ceux de notre environnement, les deux étant étroitement interdépendants.

C'est pourquoi, j'ai proposé dès 2002 d'intituler "Mouvement pour une insurrection des consciences" la campagne sans prétention que nous avons menée pour la présidentielle, qui ne fut pas un engagement politique au sens classique du terme, mais l'expression de la politique en actes à laquelle nous aspirions, dans un contexte au sein duquel ce type d'engagement n'avait, selon nous, aucun représentant. Toutes les alternatives que nous avons proposées concrètement en Afrique et en France ont été mises à l'épreuve (cf. annexe), et nous nous sommes basés sur ces expériences concrètes. Ces propositions alternatives, qui sortaient du modèle dominant pour aller vers une autre perspective, reposaient sur les notions de regroupement, de coopération, de solidarité et d'interactions. Le but était de réhabiliter les écosystèmes, de partager et redistribuer les ressources, dans la reconquête d'un mode de vie socioéconomique relocalisé. Nous avions réalisé un schéma par lequel nous inversions la tendance actuelle consistant à nous mobiliser à la recherche de profits illimités au bénéfice d'une organisation qui serait au service de l'humain et de la nature.

La plupart des politiques, croyances et religions divisent et créent de l'antagonisme. Il nous fallait sortir de ce morcellement pour aller vers une humanisation (qui ferait suite à l'hominisation) afin que les consciences convergent au lieu de se diviser. La seule chose qui nous est incontestablement commune, au-delà des appartenances, c'est notre Terre, notre Gaïa, unique et précieuse, car indispensable à chaque être vivant.

Pour toutes les raisons évoquées, l'élément fondamental qui doit nous questionner et nous rassembler est l'écologie. Si nous ne sommes ni raisonnables ni intelligents, la nature, elle, mettra ses limites. Un simple virus comme nous le vivons actuellement nous plonge dans l'impuissance et la défaite internationale. Si un virus plus meurtrier encore advenait, cela pourrait entraîner l'éradication d'une grande partie de l'humanité comme certaines maladies décimaient autrefois des populations entières, telles la grippe espagnole ou la peste. La santé d'une espèce dépend de facteurs incontournables et d'équilibres fragiles que nous transgressons constamment, en dépit de nos multiples savoirs et expériences.

Ce qui domine nos organisations n'est pas la sagesse, ni la connexion profonde avec le vivant, ni même la raison ou la connaissance, mais bien la compulsion de jouir et posséder sans nous soucier ni du voisin ni du lendemain.

Alors comment construire le futur sur d'autres critères que la finance, la cupidité, la destruction, le pillage de la planète ? Toutes les malfaisances cumulées que produit l'espèce humaine évoluent à son détriment avec cette profonde injustice : ceux qui provoquent le désastre l'infligent au monde actuel et aux générations à venir. De génération en génération, ce sont les enfants qui paient constamment le prix des exactions de leurs parents. L'héritage transmis les met dans une difficulté qui les afflige, tandis qu'ils ne sont pas responsables de cet état des lieux mais vont, malgré eux, perpétuer et amplifier le désastre.

Il nous faut mettre en œuvre un changement radical et profond issu de la détermination de chacune et chacun à prendre en compte sa propre responsabilité à l'égard du vivant. Pour fédérer les consciences, il s'agit de décloisonner : si chacun reste campé sur ses positions et convictions, cette convergence échouera. Nous avons aujourd'hui atteint un stade de notre évolution où, paradoxalement, ce n'est plus l'organisation de la vie mais l'organisation de la survie qui est à l'ordre du jour. Cette conjoncture, une fois éclairée par l'intelligence, devrait être favorable à la coalition des consciences. Il devient impératif que les innovations soient mises en commun pour une sauvegarde collective. Nous en avons largement les moyens techniques et matériels. Mais en aurons-nous les moyens sur le plan moral et spirituel ?

SORTIR DU MIRAGE DE LA MODERNITÉ

Il nous faut réformer un système moderne qui a bercé le monde d'illusions.

Tandis qu'il y a quarante ou soixante ans, les premiers écologistes étaient parfois considérés comme des oiseaux de malheur, des marginaux, rabat-joie et passéistes, empêcheurs de jouir du paradis de la consommation, notre déconvenue collective conduit aujourd'hui les penseurs de tous bords à l'abdication face à l'évidence écologique. Leurs flots de paroles, d'analyses et de prédictions resteront vains, voire désespérants, tant que nous n'accepterons pas de nous réapproprier individuellement notre véritable condition, au cœur de la nature dont nous dépendons, pour changer de cap.

Il ne s'agit pas, comme le prétendent certains, de vivre "comme des amish" ni de retourner à l'éclairage à la chandelle ! Il est d'ailleurs nombre de modes de vie anciens qui ne sont pas réalistes à l'échelle démographique actuelle, comme par exemple le chauffage au bois ou au charbon, qui ne sont plus des pratiques généralisables pour une population qui a quadruplé en un seul siècle. Notre défi devrait consister à mettre nos connaissances et nos aptitudes techniques au service de la simplicité.

Je ne crois pas qu'il faille continuer d'attendre du politique ou du prospectiviste les grandes réformes salvatrices nous permettant d'offrir aux générations à venir les clés de leur futur. C'est pourquoi j'ai tenté de vulgariser, depuis une vingtaine d'années, la légende du colibri pour arrêter les ravages du feu : *chacun doit faire sa part*. Le phénomène de la foule a largement démontré qu'il n'est pas en mesure d'incarner l'intelligence ou la sagesse dont nous avons besoin pour sortir de l'impasse. La foule est en effet, dans la plupart des cas, plus émotionnelle que sage, manipulée par les firmes et les idéologues, ou bien tournée vers un ennemi commun, tandis que l'enjeu actuel est à dénoncer en elle-même. Revenir vers nous-mêmes, au cœur de notre propre conscience, pour ajuster nos choix et nos actions, me paraît être un cheminement incontournable. La cohésion de nos décisions individuelles sera seule à même de produire le changement souhaité. Tant que nous voudrons plus de confort, de climatisation, d'automobiles puissantes, de maisons lisses et vastes, de voyages, de divertissements, d'objets, de moyens de communication, nous serons pris dans cette logique morbide où la demande surpasse largement et en permanence l'offre de la planète Terre. Le contentement et la sobriété deviennent ainsi ce qu'il y a de pire pour l'idéologie en vigueur.

Chacun peut constater que l'excès matériel ne garantit ni joie ni paix. Tous les indicateurs le démontrent. Nous vivons dans une société grande consommatrice d'anxiolytiques et de tout ce qui inhibe une réalité devenue contre nature.

Pour certaines personnes, la mort du footballeur Maradona est synonyme du ciel qui s'effondre sur leurs têtes. Cette réaction m'interroge sur le niveau de conscience de certains humains. À la mort de quelqu'un qui sait habilement taper dans un ballon encouragé par les hurlements d'une foule en délire, c'est donc une étoile qui s'éteint ! Cela donne une mesure tragique du niveau de préoccupation humaine. Nous nous consacrons au futile et délaissons l'essentiel. Nous devrions être amenés, au cours de notre existence, à grandir en conscience, à nous élever, à nous initier, dans le sens le plus noble qui soit. La conscience suprême de l'humain est d'admirer la vie, d'en prendre soin et d'assurer la pérennité des générations futures.

La survie humaine, dans son organisation actuelle, est totalement subordonnée aux énergies fossiles qui profitent en grande majorité aux peuples dominants au détriment des populations des pays où elles sont confisquées. Si l'on supprime le charbon, le gaz et le pétrole, c'est l'effondrement général d'un système bâti sur ces ressources. Nous avons misé sur l'éphémère plutôt que sur le caractère durable, renouvelable et prospère de la nature. Il est aujourd'hui grand temps de réformer l'organisation du monde à la lumière de nos savoirs et de nos compétences pour valoriser notre environnement, où que nous soyons, en prenant soin de ne prélever que le nécessaire et de préserver non seulement le renouvellement mais aussi le développement naturel de la biodiversité. Parmi cette dernière, on peut déplorer la perte de 75 % des variétés de semences en seulement un siècle. Les organismes génétiquement modifiés par un "tripotage" savant d'apprentis sorciers sont un drame absolu.

L'écologie est la seule discipline qui ait de l'avenir car elle implique la reconnexion intelligente avec ce qui nous permet de vivre. Elle ne devrait donc pas être politisée car, étant universelle et indispensable, elle échappe à tout clivage ou orientation idéologiques. Elle concerne tout un chacun et devrait être l'inspiratrice des actes et comportements avec lesquels le monde est gouverné. L'écologie est une sensation profonde de notre reconnexion à soi en tant qu'être vivant, à tout ce qui nous compose, physique et sensible.

Notre corps est écologie, car lié à cette matrice de laquelle nous sommes indissociables et répondant à ses lois. L'écologie réduite à une science limite l'humain à sa posture d'observateur et non plus de méditant plongé dans la compréhension profonde que le corps qu'il habite est relié à tout le reste et lui donne un accès privilégié à cette réalité. Vivre serait demeurer dans cet état de conscience où tout serait indivisible : tout est relié, interconnecté à l'infini, et la seule voie pour goûter à ce miracle consiste à investir cette réalité sans chercher à la fuir. Quand il transgresse et désobéit aux lois que lui dicte la vie, l'être humain est, pour ainsi dire tôt ou tard, sanctionné, parce qu'il s'éloigne des lois fondamentales et incontournables de l'écologie dont aucun être vivant ne peut s'affranchir.

En disant cela, j'ai le sentiment étrange d'enfoncer des portes ouvertes, tant ces réflexions naissent de l'évidence. Nous nous sommes perdus dans une complexité de plus en plus confuse, tandis que la réalité de notre condition vivante est simple. Pour autant, elle n'est ni ennuyeuse ni banale, et nous sommes loin d'avoir achevé les explorations que nous permet notre état singulier. Dans certains domaines, nous sommes au b.a.-ba de notre compréhension qui, semble-t-il, pourrait s'étendre à d'autres plans subtils. La physique quantique, par exemple, compte parmi les disciplines récentes qui n'en finissent pas de solliciter notre fascination et repousser les limites de nos croyances antérieures. Sans aucun doute, d'autres surprises d'une intensité comparable nous attendent dans d'autres domaines de recherche. Sans doute aussi que les moyens de ces recherches tendront à évoluer, pour solliciter non seulement notre mental et nos aptitudes intellectuelles limitées développées et orientées le plus souvent sur les bancs scolaires, mais aussi d'autres dimensions intérieures plus intuitives, ou basées sur l'expérience, nous permettant d'accéder à la connaissance. Car la vision réductrice que nous infligeons collectivement au vivant s'applique aussi à nous-mêmes : nous sommes loin de nous reconnaître comme les êtres hautement sensibles et inspirés que nous sommes, et que nous pourrions réaliser, dans le sens de l'accomplissement, si, enfin, nous honorions, en la laissant nous guider, la véritable intelligence.

Cette intelligence est déjà là, observable dans de multiples situations. Comment expliquer que le nouveau-né sache les gestes élémentaires de sa survie ? Respirer, téter, développer sa musculature, prononcer des sons puis des noms signifiants, ramper, se mettre à quatre pattes puis debout... Personne ne le lui apprend, et pourtant il sait. Il incarne une conscience, en mouvement, pour la survie et la vie.

Comment expliquer qu'une plante peut s'adapter aux conditions climatiques que lui impose son environnement ? En cas de sécheresse, elle développe peu son feuillage et s'empresse de produire de multiples graines destinées à garantir sa pérennité, au détriment de sa prospérité présente devenue secondaire. Face au stress, elle pare, ainsi, au plus urgent et au plus nécessaire, pour assurer une continuité du vivant. Quel est l'agent de cette fascinante intelligence adaptative ?

Ainsi, je ne cesse de me demander pourquoi nous nous sommes déconnectés de ces instincts essentiels pour embrasser des causes aussi stupides que moribondes, sur bien des aspects. Le langage alambiqué des savants ne change rien à la donne. Bien au contraire, il tend à faire diversion sur des sujets qui, sans vouloir être dévalorisant, pourraient parfois être traités avec plus de lucidité par un enfant de cinq ans. Lorsque l'actualité évoque les nouvelles maladies, les désastres sanitaires que nous déplorons ou fait l'état des lieux de notre santé dégradée, j'enrage de constater que la nourriture est rarement évoquée en tant que cause de ces déviances. Comment pourrions-nous évoluer vers la santé tant que notre terre nourricière, celle-là même où poussent les plantes que nous mangeons, demeure maltraitée et empoisonnée par la chimie ? Comment pourrait-elle offrir des denrées alimentaires bénéfiques dans ces conditions ? Tant que l'alimentation globale des populations humaines poussera sur une terre morte et souillée, toutes les diététiques possibles échoueront à résoudre les problématiques de santé que nous rencontrons. Certains chercheurs affirment que plus de deux tiers des décès humains sont issus de pathologies causées par la pollution, le stress et une alimentation frelatée. L'une des solutions les plus basiques pour améliorer cette situation serait bien évidemment de rendre à la Terre les égards que nous lui devons et à l'humain un mode de vie qui lui soit profitable, par la compréhension et l'entretien de logiques vivantes et épanouissantes.

LA SIMPLICITÉ, LE GRAND DÉFI DU IIIe MILLÉNAIRE

Nous ne pouvons plus nous contenter de confier notre destin à des mesures politico-industrielles, si séduisantes et verdissantes soient-elles. Un premier bilan de nos tentatives de réformer certains modes de production démontre notre incapacité chronique à conjuguer le profit économique débridé et sans limites avec les impératifs écologiques et humains. Panneaux solaires hautement polluants pour leur fabrication selon les connaisseurs, éoliennes gourmandes en énergie grise, biocarburants en monoculture dévastatrice, mise sur le marché d'une alimentation biologique "dessaisonnée", augmentation d'une offre toujours plus large de produits dits "écologiques" sous emballage plastique, incluant le superflu, sont quelques-unes des absurdités d'une politique écologique perverse qui dupe le consommateur en lui faisant croire à l'innocuité de ces nouvelles productions.

La décroissance économique, régulièrement décriée par celles et ceux qui ne peuvent concevoir la diminution du train de vie des humains privilégiés, est, pourtant, une nécessité impérative.

Modérer ses consommations ne signifie en aucun cas perdre en qualité de vie. Je peux même témoigner qu'il s'agit du contraire. Mon ouvrage *Vers la sobriété heureuse* est celui de mes écrits qui a le plus intéressé les lecteurs. Certains ont témoigné de leur profonde affinité avec un art de vivre qu'ils ressentent intuitivement comme juste et nécessaire, alors même qu'ils disposaient d'une vie opulente et confortable où rien ne semblait manquer. Ils se sentaient, en dépit de cela et paradoxalement, profondément frustrés. J'ai connu des personnes privilégiées, riches à millions, dont l'accomplissement était en partie dû à leurs activités potagères les mains dans la terre. Quoi de plus épanouissant que d'avoir du temps pour soi et pour ses proches, de vivre dans la nature, de fabriquer et construire avec ses mains, d'habiter son corps en conscience, de pouvoir apprécier le silence ou le chant des oiseaux, d'échanger paisiblement avec ses enfants, de déguster ses propres productions alimentaires, d'avoir du temps pour créer… Personnellement, je ne connais rien de plus satisfaisant, et ce, malgré le fait incontestable que la vie n'est pas exempte de souffrances voire de véritables tragédies. Cette simplicité n'a pour ainsi dire "pas de prix", c'est pourquoi j'ai affirmé un jour à un journaliste être "milliardaire", car bénéficiaire d'air pur, de silence et de nature en quantité abondante.

Le drame de l'être humain, source de son angoisse, comme je l'ai déjà évoqué, c'est qu'il sait qu'il va mourir. Il n'y a aucune dérogation. Tous les milliardaires s'éteindront et s'éteignent, comme tout le monde. D'ailleurs, si l'on y pense, il paraît absurde d'en accumuler autant pour s'en aller ensuite en laissant son butin derrière soi. J'ai la conviction que nous gagnerions en qualité de vie à perdre moins de temps dans le superflu dont les décharges publiques débordent pour passer plus de temps à vivre, simplement pour que d'autres puissent simplement vivre. De l'ouvrier à l'homme d'affaires, nous renonçons à vivre notre liberté pour gagner de l'argent. Je n'incrimine évidemment personne, car c'est le modèle dominant auquel nous nous soumettons dont il faudrait s'affranchir. Je m'étonne simplement que nous acceptions un réel asservissement déguisé en liberté.

De nos jours, nous sommes totalement subordonnés aux machines qui nous entourent et dont nous faisons usage à tout instant. Il y a encore peu de temps, lorsque ma voiture était en panne, je pouvais soulever le capot, décrasser des bougies, redonner un tour de clé ou reconnecter des câbles. Aujourd'hui, tout est électronique et les mécaniciens d'autrefois deviennent parfois impuissants à nous dépanner sans l'automate informatique coûteux et sophistiqué détenu par les concessionnaires. Nous pensons avoir atteint une amélioration de nos qualités de vie par la complexification. Je ne peux que reconnaître que nous faisons des progrès, y compris dans le domaine de l'automobile : il y a plus de sécurité, moins de pollution, moins de crevaisons, parfois moins de consommation en carburant. Mais faut-il vraiment que ces performances nous confisquent à ce point notre autonomie et notre pouvoir d'agir par nous-mêmes ? Je n'en suis pas certain.

L'obsolescence programmée, qui devrait être parfaitement illégale car irrespectueuse pour la planète, est une démonstration concrète que les intérêts du vivant sont rarement au centre des préoccupations industrielles.

Ainsi la simplicité des modes de vie comme celle des objets qui nous sont utiles peut nous donner le moyen d'avoir, par nous-mêmes, une action autonome, sobre en argent et en énergie, satisfaisante en termes de sens. Nos ingénieurs devraient (et ils le font pour certains) œuvrer dans cet esprit, se demander comment rendre à la population un mode de vie toujours plus simple, économe et efficace. Ainsi ce que nous entendons par "progrès" serait à clarifier pour qu'il y ait une unanimité.

La simplicité est, selon moi, le grand défi de ce IIIe millénaire. Nous avons su développer la complexification à outrance, il nous appartient aujourd'hui de conquérir la simplicité et la sobriété comme ce que l'intelligence a de meilleur à nous offrir. Grâce à des technologies de grande qualité, pensées pour servir la vie, nous devons réorienter notre créativité vers de nouvelles productions intelligentes, inspirées par le souci d'augmenter nos aspirations au bien-être par l'art de la simplification : des productions durables et utiles. Cela implique, bien entendu, de rediriger nos modes de vie vers d'autres objectifs que servir encore et encore la machinerie économique : remettre l'humain et la nature au cœur de nos préoccupations.

Nous devons cesser de mystifier les populations avec des publicités laissant à penser que le bonheur s'achète, pour plutôt promouvoir la puissance du contentement qui ne saurait naître de la surabondance dont témoignent au final les déchetteries, notamment dans les pays riches. L'une des premières indignations douloureuses que j'ai éprouvées dès ma toute première venue en Haute-Volta devenue le Burkina Faso, le "pays des hommes intègres", par la volonté de Thomas Sankara, a été d'être ulcéré par le spectacle de nuées d'enfants à la recherche de quelque chose de comestible sur des tas d'ordures. Lorsque j'étais enfant, dans le désert, un simple fil de fer devenait le guidon d'une bicyclette, et je me trouvais longtemps plongé au cœur d'une course effrénée, tel un courageux cycliste lancé vers quelque destination imaginaire. La gabegie de jouets que notre société produit disqualifie gravement l'imaginaire des enfants, si bien qu'il n'est pas si rare de les observer jouer avec l'emballage (le gros carton si intéressant dans lequel ils peuvent se cacher) et retrouver ainsi leur faculté de donner à leur imaginaire le moyen de se révéler. J'évoque tout cela au risque d'être perçu comme rabat-joie vieux jeu. À mon âge, à la suite des agressions médiatiques de circonstance que j'ai déjà essuyées, je n'ai plus de crainte. Nous avons, Michèle et moi, choisi d'élever nos enfants avec peu de jouets et sans télévision, et force est de constater qu'aucun des cinq ne nous en a fait le reproche, bien au contraire. Ils ont pu développer leurs talents, s'exercer à diverses disciplines, jouer, s'émerveiller de la nature, et chacun d'eux a choisi et pratiqué un instrument de musique. Ils sont devenus exceptionnellement créatifs et polyvalents. Cette observation n'est pas pour magnifier notre façon d'éduquer, mais simplement pour évoquer une problématique des plus sérieuses concernant l'importance de l'imagination.

Suralimenter matériellement et affamer spirituellement est la tendance qui caractérise nos sociétés, ce qui peut en partie expliquer le succès des disciplines de développement personnel, gourous et autres guérisseurs spirituels. Sur cette question, je rejoins la pensée de Krishnamurti, qui affirmait que toute quête de sens reste et demeure personnelle, en insistant sur la libre connaissance de soi pour la transformation de soi. Il n'y a ni maître ni modèle, dit-il : *la vérité est un pays sans chemin.*

Je comprends parfaitement que nous ayons besoin d'être inspirés. J'ai parcouru moi-même ce processus intérieur, influencé successivement par l'islam, le christianisme, les grands philosophes, les auteurs écologistes. Il appartient à chacun de nous de faire les rencontres intellectuelles et spirituelles qui nous sont nécessaires et de contribuer à l'évolution sociale par notre propre évolution. C'est du moins ce qui me paraît juste dans la complexité du monde. Les événements de la vie viennent nécessairement éprouver nos convictions, les remettre en question, les transformer, jusqu'à une qualité d'épure où ne restent que nos essentiels les plus ancrés. Notre lien à la nature, notre appartenance à la vie et notre devoir de l'honorer et la protéger sont les affirmations intérieures les plus marquées qui me déterminent, toujours.

Une société réalisée au service de la vie ne pourra advenir sans la puissance de la modération et le renoncement à l'éphémère. Elle ne peut s'épanouir dans un système mondial de surconsommation destructrice tant elle nécessite un enracinement concret dans les terres fertiles du vivant, dans un dialogue loyal entre ce qui nous constitue profondément et ce qui constitue notre matrice biologique et vivante.

Seule notre qualité d'être, c'est-à-dire la qualité de relation que nous aurons avec nous-mêmes, permettra une harmonisation de nos sociétés avec toutes les formes de vie, intérieures et extérieures.

Cela conduira au véritable accomplissement d'une société plus épanouie basée sur le contentement plutôt que sur cette terrible frustration que rien ne peut assouvir et qui donne cette société de consommation que les insurgés de 1968 avaient accusée, avec raison, d'être la cause de leur tristesse de repus.

DE L'EFFONDREMENT

Je ne peux achever cet ouvrage sans évoquer une question qui me préoccupe au plus profond, l'iniquité dans la répartition des biens et des ressources.

Les présentes réflexions constituent en effet un luxe que certains de nos congénères ne peuvent se permettre car ils luttent chaque jour avec la mort, la leur ou celle de leurs enfants, par misère extrême, malnutrition, etc.

Des lanceurs d'alerte altermondialistes annoncent une menace d'effondrement de notre système global. L'agitation qui se décline autour de ce thème finit parfois par agacer. En effet, prisonniers d'un certain "occidentalocentrisme", nous pouvons oublier ou occulter que, pour certains, l'effondrement a déjà eu lieu, ils survivent misérablement sous les décombres, au sens propre et au figuré. Nous nous sommes trop peu émus de ce drame dont les pays nantis de la planète sont largement responsables. Lorsque je dis "pour certains", je devrais dire “pour la plupart” tant les défavorisés, les exclus, les victimes de la modernité sont majoritaires.

Lorsque j’évoque la sobriété heureuse ou la puissance de la modération, je n’invente rien. Nombre de peuples vivaient dans l’équilibre avec leur environnement, se contentant de perpétuer les traditions et les savoirs ancestraux, y compris en Occident. Ainsi, sur tous les continents, l’être humain a déployé une variété inouïe de pratiques et de savoirs locaux pour s’alimenter, s’abriter, se vêtir, s’organiser, éduquer ses enfants et préserver les écosystèmes dont ils dépendent. Bien entendu, toute pratique traditionnelle n’est pas forcément la meilleure et il ne s’agit pas d’idéaliser ou de magnifier le passé. J’ai dû, par exemple, enseigner aux paysans burkinabés que la culture sur brûlis me paraissait non seulement inutile mais, en plus de cela, nuisible à la fertilité de la terre. En mettant le feu aux savanes avant de les cultiver, les sols se voyaient privés d’une multitude de micro-organismes et microfaunes auxiliaires susceptibles de contribuer utilement aux cultures et à la régénération des terres cultivables. Également, les prélèvements excessifs de bois ont contribué à la désertification de certaines zones du monde. Tous les principes ancestraux ne sont donc pas louables.

Or, dans la plupart des cas, il existait néanmoins un équilibre séculaire entre les populations et leur environnement. Les humains étaient constitués en petites sociétés, dans des proportions souvent harmonieuses, permettant à chacun de connaître ses voisins et de se sentir en sécurité parmi les siens. Les peuples savaient, par eux-mêmes, construire leurs habitats, produire ou prélever leur nourriture, la conserver, tisser et coudre leurs vêtements, créer leurs ornements, dans une organisation quotidienne centrée sur les besoins de la communauté. Si l'on en croit les récits des anthropologues, la plupart des peuplades avaient une conscience aiguë de leur habitat naturel et de l'interrelation qui existait entre les humains et la nature. Ils vivaient simplement, intégrant la convivialité, la solidarité, les rituels, les chants, la musique, les récits initiatiques, la culture dans des modes de vie modestes et complets, où la sensation de manquer demeurait faible. J'écris tout cela au passé car, aujourd'hui, il semble que ces peuples proches de la nature se soient de plus en plus raréfiés. Ceux qui restent pourraient nous enseigner ce que nous recherchons, inversant ainsi le rapport entre le sachant et l'apprenant, trop souvent dominé par la pensée et les croyances occidentales.

J'ai été, du temps où je me suis engagé en Afrique de l'Ouest, considéré comme acteur du "développement", un terme que j'ai renoncé à utiliser en raison de la pensée unique qu'il véhicule, comme une doctrine avec ses dogmes selon laquelle serait dite "développée" une civilisation modélisée selon les préceptes de la modernité. J'ai eu l'occasion de constater que les plus “développés” ne sont pas forcément ceux que l’on croit. À l’heure où il nous faut trouver le chemin collectif de la décroissance, ce constat s’intensifie.

Ceux que nous avons pris pour des arriérés auraient bien des savoirs et savoir-faire à transmettre. Mais, dans la plupart des cas, nous avons détruit leur dignité, anéanti leur culture et pillé leurs ressources par une colonisation qui sévit toujours, sous d’autres formes. Pour les paysans du Cameroun ou du Brésil, privés de leurs terres ou détournés de leurs modes de cultures vivrières au profit de monocultures de soja, de coton, de café, de canne à sucre ou de cacao pour l’exportation, l’effondrement a déjà eu lieu, les transformant en damnés de la Terre. Pour des millions d’êtres humains, l’éradication est à l’œuvre. Les équilibres d’antan, même imparfaits, laissent place au désordre de la misère, des bidonvilles ou d’un mode de survie digne des pires scénarios apocalyptiques.

Certains dirigeants politiques évoquent la tentative de milliers de migrants de rejoindre l’Europe avec le sentiment d’être illégitimement pris d’assaut par un envahisseur auquel nous ne devons rien, même pas l’hospitalité. Le bilan migratoire fait, hélas, trop peu souvent preuve de loyauté lorsqu’il est dressé par les experts du pseudo-progrès. Comment pouvons-nous oublier que les Européens ont été des migrants partis coloniser, il y a plusieurs siècles ou seulement quelques décennies, les quatre coins de la planète pour en occuper les meilleures terres ou y prélever d'immenses richesses ? Nous nous affligeons aujourd'hui de mouvements démographiques préjudiciables à notre confort moral ou, disons-nous, à la stabilité de notre politique intérieure, mais oublions qu'une large majorité de migrants fuient un désordre dont le monde, la culture et les croyances venus d'Occident sont les principaux auteurs.

La situation écologique mondiale présente au moins une vertu : celle de nous ramener, où que nous soyons, à des conditions plus équitables, forçant ainsi un sentiment de fraternité et de solidarité que la politique générale semblait avoir profondément enseveli. Face aux incertitudes climatiques et environnementales, nous sommes pour ainsi dire "logés à la même enseigne", enseigne inégale selon nos diverses conditions d'existence. Pour une fois, les peuples qui savent encore vivre de la terre et se contenter de peu sont peut-être bien plus en sécurité que ceux dont la survie dépend de facteurs artificiels, comme nous l'avons déjà évoqué.

Actuellement, sur tous les continents, les bouleversements qui secouent les communautés humaines créent du drame, de la famine, des catastrophes chez les plus pauvres, ceux qui vivent déjà, depuis plusieurs générations pour certains d'entre eux, l'effondrement.

Ainsi, arrêtons de prétendre que ce qui arrive est une catastrophe sans précédent et reconnaissons que la perspective d'être prochainement privés d'une souveraineté industrialo-économique aveugle aux véritables enjeux planétaires est la continuation d'une logique morbide. Il aura fallu qu'elle menace les plus privilégiés pour qu'elle devienne, enfin, un sujet majeur de préoccupation.

À ce jour, j'entends très peu la mise en route d'un programme politique d'envergure, aucun plan stratégique qui soit vraiment capable de faire face aux événements. Nous devons nous préparer à un chaos difficile par la déconstruction et bénéfique par le sursaut de vitalité qu'il suscite dans l'imaginaire. En écrivant *L'Utopie ou la Mort* en 1973, René Dumont avait déjà raison !

Il me semble que le meilleur moyen d'anticiper est de reconquérir dès à présent un maximum d'autonomie et de savoir-vivre dans la simplicité volontaire. En écrivant cela, je mesure la difficulté pour celles et ceux qui n'ont pas les moyens d'accéder au foncier ou sont prisonniers d'une réalité familiale contraignante, offrant peu de mobilité ou d'espace de créativité pour transformer leur quotidien. Le collectif en tant que laboratoire d'expérimentation des possibles, en marge du système dominateur, ne cesse d'être activé par la défaillance du consensus.

Le Mouvement Colibris que j'ai cofondé en 2006 avec quelques amis propose quantité de pistes d'inspiration pour incarner le futur dès à présent, que l'on soit en ville ou à la campagne. Il est évident que la perspective de changer ses modes de vie n'est pas toujours confortable. Mais peut-être, au fond, la situation actuelle nous permettra-t-elle de nous ouvrir davantage à nous-mêmes et aux autres ?

INCARNER LE CHANGEMENT

C'est une évidence : il n'y aura pas de changement de société sans changement humain. Je rejoins l'injonction radicale selon laquelle il nous faudra "changer pour ne pas disparaître". Par le travail d'une vie, j'ai proposé, avec modestie, des pistes de ce que pourrait devenir une société humaine profondément réconciliée avec la nature. J'ai proposé aussi des exemples d'actions concrètes à mener pour y parvenir, dont le mouvement pour des Oasis en tous lieux, devenu dernièrement la Coopérative Oasis*. Il s'agit en effet de repenser une organisation de vie qui permette de contribuer à résoudre, en solidarité avec d'autres, un certain nombre de problématiques liées à notre modèle actuel, grâce, par exemple, à des constructions écologiques peu gourmandes en énergie, une gestion économique de l'eau potable, un lien respectueux avec la nature, une production agricole

* Voir le site www.cooperative-oasis.org.

vivrière de qualité sur une terre vivante et active, une réappropriation des pratiques vernaculaires de santé, un accompagnement bienveillant des enfants et des personnes âgées, une gouvernance réellement démocratique, une économie de proximité, etc. La société civile a été et continue d'être prolixe en outils, moyens et savoir-faire pour imaginer un futur viable sur des bases pondérables et réalistes.

Je ne peux que me réjouir de constater qu'en seulement quinze ans nous sommes passés d'une quinzaine de projets Oasis sur le territoire français à plusieurs centaines. Écovillages, écoquartiers, villes en transition, fermes nourricières, écolieux en tous genres s'égaillent aujourd'hui dans toutes les régions. Il est indéniable que les incertitudes concernant l'avenir ne sont pas sans effet sur la psyché collective. Les potentialités qu'offre la nature, bien que dilapidées, gardent pour certaines cette magnifique capacité de renouvellement qui est l'essence même de la dynamique de la vie.

Nous savons que le facteur humain est le plus sensible, décisif, puissant, et qu'à cet égard il n'existe aucune recette permettant d'éradiquer les désordres relationnels. Comme je le dis souvent, l'organisation militaire sait "mettre tout le monde au pas" avec la hiérarchie que l'on connaît. Lorsqu'il s'agit de trouver une qualité d'être et de coopération libres de tout autoritarisme, la remise en question de chacun par lui-même devient incontournable. Mais, pour ceux qui ont grandi dans des relations de pouvoir, au sein d'une éducation qui glorifie entre autres la compétitivité, se déconditionner pour incarner d'autres valeurs devient le défi majeur. L'un des enjeux principaux, si ce n'est le principal, au cœur de l'alternative Oasis se révèle être le positionnement de chacun dans le collectif.

Plusieurs Oasis sont en prise avec cette question de l'entente entre les participants, parfois jusqu'à menacer la pérennité des projets. L'expérience collective nous permet de confirmer qu'il ne nous faudra pas seulement "changer ou disparaître" mais aussi "s'entendre pour perdurer". Je n'imagine pas un futur où chacun serait enfermé dans une logique individuelle égocentrée. Nous savons que l'avenir appartient à des organisations solidaires et coopératives, ces qualités constituant une clé majeure de notre résilience.

Le projet des Oasis me semble parfaitement adapté à ces enjeux.

La question demeure donc entière : comment développer la puissance de la bienveillance et de l'amour ? Comment prendre conscience de notre inconscience ? Comment prendre conscience de la valeur de projets qui respectent et valorisent la nature, celle qui nous entoure et celle qui détermine une véritable intelligence, exprimée en actes et en postures, au service de la vie ?

Cette réflexion nous engage dans un dialogue en nous-même afin que nous puissions, individuellement, prendre la responsabilité de notre bien-être intérieur. Hormis quelques conseils, il est difficile, voire impossible, de le faire pour les autres. Une Oasis, si merveilleuse soit-elle en termes de conception, d'organisation, de performance et de cohérence écologiques, de proximité solidaire, n'a pas forcément le pouvoir de nous rendre heureux. Cet état désirable incombe essentiellement à notre volonté si des circonstances extérieures ne le rendent pas impossible. Il semble même, au contraire, que l'ampleur de la déconvenue puisse aggraver un sentiment d'échec et de ressentiment, à la mesure de la déception, de celui qui attend du collectif l'assouvissement de ses aspirations en profondeur et attentes personnelles.

Pour ces raisons, il faut probablement prendre soin de préciser que les Oasis ne devraient pas être conçues comme des communautés, telles qu'elles ont été expérimentées à la suite de Mai 68, avec les mêmes échecs et les mêmes déceptions qu'aujourd'hui. Des habitats regroupés permettant à chacun de préserver son espace intime seraient une définition plus réaliste. L'Oasis a une vocation fonctionnelle pour réduire certains frais en mutualisant les équipements, les moyens matériels, les compétences. Mais elle n'a pas vocation à servir de substitut affectif ni à constituer de nouvelles castes. Il est en effet possible de manger bio, de recycler ses déchets, de cultiver son jardin et d'oppresser son voisin ou sa propre famille. Quel progrès aurons-nous fait alors ? Je n'ai malheureusement pas le pouvoir de proposer des solutions concrètes et radicales à ces écueils du facteur humain. J'affirme tout simplement que chacun a le devoir de se sentir chargé de responsabilité individuelle sur ces questions et ne plus attendre que la solution vienne de l'extérieur.

Tous les jours, j'entends, à la radio ou la télévision, des situations atroces vécues par d'autres Terriens. J'ai la chance d'être là, chez moi, privilégié, dans cet espace qu'avec Michèle nous avons mis des années à restaurer pas à pas, à rendre viable et vivable. Je ressens de la gratitude et je cultive le contentement. Je me mets en situation d'aller au plus vite à la satisfaction sans me trouver de nouveaux alibis pour entretenir une souffrance ou un combat qui resteront invaincus tant que nous les cultiverons en notre for intérieur. Il n'y a aucun délai imparti pour mettre un terme à cette lutte stérile, mais il y a urgence.

Je peux m'émerveiller d'être en vie et d'habiter un corps extraordinaire de performances, ayant sa propre intelligence. En lien autant qu'il est possible avec la nature, je peux me laisser éblouir par ce jaillissement créatif, infini et mouvant, où l'ennui est absent. La beauté de Gaïa s'offre en permanence, sans effort, ni finance, ni politique. Il nous est juste demandé de la respecter en organisant nos sociétés sur les besoins essentiels. Cela est tout à fait réalisable en se libérant de la puissance et de la dictature de la finance.

Tout ce que je sais faire de mes mains constitue un patrimoine irremplaçable. Toujours en guise de témoignage, si nous n'avions pas tiré parti de notre habileté manuelle, notre projet de retour à la terre n'aurait pas été possible. J'ai appris de mon père cette habileté manuelle que la culture occidentale moderne a tendance à mépriser. Peu de parents rêvent que leur enfant devienne paysan ou artisan. Pourtant, les compétences qui nous relient au tangible offrent, quand elles sont mises au service du vivant, une belle et immense liberté.

Notre aventure de retour à la terre et ces soixante dernières années à œuvrer sur un lieu m'ont donné la certitude que l'être humain est en mesure d'agir en faveur des écosystèmes et non contre eux. D'une terre aride, caillouteuse, à l'abandon que fut la nôtre, nous avons créé une petite oasis de vie. Les animaux de la ferme, la quarantaine de chèvres en particulier, nous ont permis de produire des fromages très appréciés. Les déjections d'animaux étaient transformées en fertilisant de qualité pour le compostage. Le stockage de l'eau pluviale, la plantation d'arbres divers, le remodelage du paysage, tel que le faisaient nos anciens, ont permis d'obtenir, en quelques décennies, un lieu plus luxuriant et nourricier qu'il ne l'était lorsque nous sommes arrivés. Toute oasis attire et pérennise la flore et la faune locales, y compris sous sa forme sauvage que le retour d'un environnement favorable stimule à nouveau. Nous avons vu proliférer les grenouilles, les escargots, les insectes. Nous avons observé le retour des renards, des blaireaux, des écureuils, des hérissons et même des chevreuils... Pourtant, depuis quelques années, mon cœur est triste de constater que le bourdonnement joyeux du printemps est d'un volume incontestablement plus faible qu'autrefois... Moins d'insectes, moins d'oiseaux... Je redoute le jour où le printemps sera silencieux comme l'a écrit Rachel Carson en 1962.

C'est évidemment en souhaitant que cela n'arrive jamais que je me suis appliqué à l'écriture de cet ouvrage. Le temps est venu de faire un choix et de l'incarner, pour chacun d'entre nous. La phase de chaotisation que nous traversons invite plus que jamais les êtres humains à se connecter à l'intelligence et à la véritable sagesse sans lesquelles nous nous dirigeons inexorablement vers un destin dont beaucoup d'espèces ne reviendront pas. N'en déplaise aux transhumanistes, notre espèce pourrait en faire partie.

Ces propos que d'aucuns peuvent considérer comme pessimistes, ce que la réalité justifie, sont paradoxalement suscités par un espoir indestructible. Crier au feu a pour effet de mobiliser les bonnes volontés pour l'éteindre en démultipliant les colibris. Le bien est sans cesse ajourné mais sans cesse espéré et servi. Le bien demeure dans toutes les manifestations de la vie, seule manque la détermination de l'espèce humaine plus unie que les Nations unies dans la plus grande désunion. Cela se ferait sur la base d'une universelle convergence des consciences pour une véritable insurrection où lucidité, intelligence et beauté seraient indissociables. Il faut bien des rêves heureux pour exorciser les cauchemars !

La sagesse est obligatoire pour ne plus verser dans les transgressions et accepter, enfin, que nous sommes les enfants de Gaïa et que nous devons l'honorer, non comme une entité distincte de nous, mais comme un ensemble vivant dont nous faisons partie. Nous sommes la nature. Nous avons le devoir de la préserver et de l'aimer de toute la force de notre cœur, de toute la puissance de nos compétences, de toute la volonté qui nous anime pour changer la donne rapidement et efficacement.

À l'âge de quatre-vingt-trois ans, je ne sais pas s'il me sera donné de vivre, si elle devait se produire, cette mutation à grande échelle. Je suis en lien avec divers réseaux qui tentent d'agir dans une sorte de marginalité par rapport au "système dominant", et il me tarde que s'inversent les proportions entre ceux qui continuent l'ancien modèle et ceux qui œuvrent à construire le nouveau monde. Le temps est venu d'une révolution basée sur le réalisme : le recours à la Terre-Mère s'impose comme une immense évidence.

ANNEXES

Incarner les utopies

Les nombreuses crises affectant l'ensemble de la communauté planétaire mettent en évidence le déclin irréversible d'une logique et d'un modèle dominant, victime de ses propres outrances et contradictions. Cette incohérence produit de la souffrance humaine et incite à la dévastation de la planète, perçue comme un gisement de ressources à épuiser et non comme une magnifique oasis à préserver et à transmettre viable et vivable aux générations à venir. Une transition s'offre donc pour construire un futur fondé sur la puissance et l'élégance libératrice de la modération en plaçant l'humain et la nature au cœur de toutes nos préoccupations.

Nous avons démontré objectivement, rationnellement et concrètement avec des alternatives crédibles et reproductibles au Nord comme au Sud que d'autres modèles existent. Il ne s'agit pas ici de faire un inventaire exhaustif des associations ou structures existantes de par le monde, mais de souligner que, dans de nombreux domaines, agriculture, éducation, gouvernance, la société civile a su expérimenter des possibles pour un avenir viable.

Agroécologie

Composé de 40 hectares de forêt et de 20 hectares de terres cultivables, le domaine du **monastère de Solan** a fait le choix, depuis 1992, de pratiquer l'agroécologie. Unissant la liturgie de l'Église orthodoxe et le travail agricole, les moniales ont aménagé les 20 hectares en polyculture biologique (vignoble, jardins potagers vivriers, vergers) produisant plus de 25 000 bouteilles de vin par an ainsi que plus de 22 000 repas, et tendant vers une autonomie alimentaire. En une vingtaine d'années, le monastère est devenu un site exemplaire de référence en agroécologie.

Depuis plus de vingt-cinq ans, l'association **Terre & Humanisme** œuvre à la transmission de l'agroécologie pour l'autonomie alimentaire des populations et la sauvegarde des patrimoines nourriciers. L'association accueille, dans son jardin ardéchois, lieu d'expérimentation et de pédagogie (qui n'est pas un lieu de production agricole), plus de 250 stagiaires par an, des animateurs en agroécologie en formation ainsi que, dans le cadre du Pôle de solidarité internationale, de nombreux projets concrets de formation à l'agroécologie, notamment en Afrique de l'Ouest.

Terre & Humanisme Maroc a créé un lieu de formation, le Centre d'initiatives et de pratiques agroécologiques (CIPA), près de Marrakech. Ce centre de formation à l'agroécologie est un lieu de démonstration de la pertinence des techniques agroécologiques dans une région rurale enclavée, frappée par la désertification biologique et humaine. C'est aussi un espace d'expérimentation, de sensibilisation et de formation permettant de tester et de diffuser des alternatives techniques et sociales, liées à une agriculture durable et à des modes de vie responsables.

Le Réseau des agroécologistes sans frontière : Constitué de praticiens, le RAESF répond aux demandes d'expertise, de formation ou de diagnostic en France et dans le monde, qu'il s'agisse de fertilité des sols, de préservation du patrimoine nourricier ou d'accompagnement vers l'autonomie alimentaire.

Centre agroécologique des Amanins : Fondé par Michel Valentin aujourd'hui disparu, en coopération solidaire avec Pierre Rabhi, ce lieu poursuit sa mission agricole en conformité avec les critères de l'écologie. Lieu d'accueil et de transmission, le centre transmet les pratiques écologiques et quotidiennes à un public le plus large possible. La ferme en polyculture et élevage permet de cultiver, en maraîchage, 1,5 hectare, complété par un tunnel froid. Les grandes cultures produisent céréales (blé, orge), légumineuses (pois chiches, lentilles) et plantes fourragères (luzerne, foin). Le troupeau de brebis et de vaches fournit un magnifique fumier qui donne toute sa richesse et sa vie à la terre. Il produit également du lait, transformé sur place en fromages, yaourts et faisselles. Enfin la quarantaine de poules produisent les œufs, valorisent les épluchures de cuisine, ainsi que les résidus issus du tri des céréales.

Le centre des Amanins a pour objectif de concilier l'accueil, la pédagogie, l'écoute et l'expérimentation avec le loisir et la solidarité. Construit sur les critères de la sobriété et de la beauté au sein d'un écosystème respecté, il permet de rapprocher la nature et les humains, d'élever la confiance en soi et de promouvoir l'équité.

Écolieu / Oasis

Coopérative Oasis : Proposé comme concept il y a plus de trente ans par Pierre Rabhi dans le *Manifeste des Oasis en tous lieux*, il existe en 2020 près de 1 000 Oasis en France. Construite autour de cinq grands principes – agriculture et autonomie alimentaire ; écoconstruction et sobriété énergétique ; mutualisation des moyens et d'outils ; gouvernance respectueuse ; accueil et ouverture sur le monde –, une Oasis peut se trouver en milieu rural ou urbain et prendre des formes différentes : écohabitat participatif, écoquartier, écohameau, commune en transition, tiers lieu tourné vers l'écologie… Aujourd'hui, la Coopérative Oasis facilite la création de centaines de nouvelles Oasis en créant un écosystème d'outils et de personnes au service des porteurs de projets. Elle permet aussi le financement et l'accompagnement des Oasis. Une structure grâce à laquelle les citoyens peuvent prêter des fonds à des projets d'Oasis.

Le Hameau des Buis : Le Hameau des Buis s'inscrit dans la continuité de la Ferme des Enfants. Imaginé et réalisé par Sophie Rabhi-Bouquet, développé par l'association la Ferme des Enfants depuis 2001, cette Oasis de vie comporte une cinquantaine d'habitants, de tout jeunes à quatre-vingt-dix ans, un centre de formation, 50 élèves de la maternelle au lycée, une ferme, une boulangerie… Le Hameau des Buis est un lieu de vie et d'accueil autour d'une école, sur une base vivrière agricole dans le Sud de l'Ardèche. Il comprend une vingtaine de logements, entièrement conçus de manière bioclimatique à base de matériaux écologiques. Certains espaces et matériels domestiques sont mutualisés (laverie, autopartage, outillages, etc.). L'école prend sa place dans un mas traditionnel ardéchois entièrement rénové de manière bioclimatique, et quelques yourtes contemporaines. D'autres espaces sont réservés à l'accueil des volontaires et aux nécessités du lieu (ateliers, menuiserie...). La ferme comprend de petits élevages (chèvres, poules, cochons, poneys...), un verger et une production maraîchère en plein développement depuis l'achèvement du bassin de récupération des eaux pluviales.

Éducation

Elle doit désormais considérer la réalité telle qu'elle est. Le travail manuel, le jardinage devraient désormais être pris au sérieux comme connaissance et activité essentielles dans l'effondrement de la logique qui a prévalu depuis la révolution industrielle. Lieu d'une pédagogie ajustée aux besoins des jeunes générations advenues dans un contexte social en déshérence où l'épanouissement de l'enfant doit l'emporter sur sa fonction sociale. Ce que font l'École du Colibri et la Ferme des Enfants, chacune à leur manière.

École du Colibri : C'est une école primaire qui accueille chaque année 40 élèves du CP au CM2, répartis en deux classes. École privée sous contrat avec l'État, elle suit les programmes scolaires de l'Éducation nationale et met en œuvre un projet pédagogique spécifique. Elle fait partie du réseau Ashoka Changemaker School qui répertorie les écoles partout dans le monde dans lesquelles les élèves acquièrent les compétences essentielles de l'empathie, de la créativité et du travail d'équipe à travers de nouvelles façons d'apprendre. Une pédagogie dite coopérative permet aux enfants de construire leurs savoirs en travaillant en recherche personnelle, puis en échangeant leurs stratégies mentales par groupes, afin d'élaborer collectivement les règles à retenir. L'enseignant joue un rôle de facilitateur en proposant un cadre favorable à ce type de travail. L'atelier philosophique permet aux enfants d'apprendre par la réflexion à exprimer leurs pensées, à écouter celles des autres et à diversifier leurs points de vue. Le bien-vivre-ensemble apprend aux enfants à gérer une réunion pour définir ensemble des règles de fonctionnement. Enfin, le temps dédié à l'éducation à la paix (être en paix avec soi-même, être en paix avec les autres, être en paix avec son environnement) complète le programme. Pour proposer une école inclusive ouverte à tous, chaque année cinq à six enfants suivis par la Maison départementale des personnes handicapées sont accueillis.

La Ferme des Enfants : Accueillant des enfants de trois à seize ans, l'école de la Ferme des Enfants prend sa place au sein d'un écovillage à vocation pédagogique et intergénérationnelle : le Hameau des Buis. L'école n'utilise plus le terme "élève" mais celui de "citoyen". Tous sont des citoyens dans l'école, quels que soient l'âge et le rôle, et ils disposent tous d'une voix délibérative pour les prises de décision. Tout citoyen développe également une conscience citoyenne en étant coresponsable de l'ensemble de l'organisation. Ce qui est cultivé, au quotidien, c'est la confiance en soi, la liberté de choix et la responsabilité individuelle. Chacun apprend à mieux se connaître, fait des expériences qu'il choisit, participe à sa mesure, s'intéresse ou se passionne pour ce qui lui convient, interagit avec les autres. En dehors des temps de classe proprement dits, l'enfant a la possibilité de jouer à l'extérieur, dans un environnement naturel aussi beau que possible. À quelques pas de l'école se trouvent les demeures des compagnons animaux : les chèvres en liberté dans leur enclos, les poules, les truies dans un parc sur mesure accessible à tous et les poneys, quelques mètres plus loin, dans leur cabane rustique en croûtes de bois. Tout ce petit monde cohabite avec l'activité des enfants, dans une ambiance où le plaisir semble partagé.

Gouvernance / Mobilisation citoyenne

Mouvement Colibris : Il accompagne des citoyennes et citoyens qui agissent ensemble pour créer un mode de vie plus écologique et solidaire car la transformation de nos sociétés passe par l'action collective locale. En développant plusieurs pôles et projets, l'équipe des

Colibris a tissé un réseau composé de plus de 100 groupes locaux répartis en France. Grâce à l'université des Colibris, des milliers de personnes peuvent se former par internet, gratuitement, avec des experts dans de nombreux domaines : éducation, agriculture, habitat participatif… La Fabrique des Colibris permet de créer des passerelles pour aider les projets qui partagent les mêmes valeurs à se concrétiser, pour mettre du temps et du talent au service d'initiatives qui ont du sens, pour contribuer à la mise en œuvre de solutions qui construisent le monde de demain.

Et aussi le **Fonds de dotation Pierre Rabhi :** Pour soutenir les actions et projets voués au changement positif de la société et prendre soin de la terre nourricière pour aider celles et ceux qu'elle nourrit, des soutiens financiers sont indispensables. Ce fonds a été créé pour constituer ces aides grâce à la générosité de tous ceux qui considèrent ces actions comme pertinentes et indispensables à l'engagement humaniste. Depuis sa création (2013-2019), le Fonds a aidé 30 projets au Niger, au Mali, en Mauritanie, au Burkina Faso, au Maroc, en Algérie, au Togo, au Rwanda, en Crète, en Moldavie, mais aussi au Népal, en Haïti, aux États-Unis (réserve navajo) et bien sûr en France pour un montant de plus de 450 000 euros.

DU MÊME AUTEUR

Du Sahara aux Cévennes ou la Reconquête du songe (autobiographie), Albin Michel, 1983, réédition 1995 (prix Cabri d'or, Alès, 1984).

Le Gardien du feu (roman), Éditions de Candide, 1986, réédition Albin Michel, 2003.

Parole de Terre : une initiation africaine, Albin Michel, 1996 (préface de Yehudi Menuhin).

L'Offrande au crépuscule, L'Harmattan, 1989, réédition 2001.

Le Recours à la terre (recueil d'articles), Terre du ciel, 1995, nouvelle édition augmentée, 1999.

Le Manifeste pour des Oasis en tous lieux, ouvrage collectif sous la direction de Pierre Rabhi, 1997 (disponible sur www.colibris-lemouvement.org/sites/default/files/content/manifeste_oasis_en_tous_lieux.pdf).

Graines de possibles, regards croisés sur l'écologie, avec Nicolas Hulot, Calmann-Lévy, 2005.

Conscience et environnement, Le Relié, 2006.

La Part du colibri. L'espèce humaine face à son devenir, L'Aube, 2006 (témoignage au Festival du livre de Mouans-Sartoux en 2005), réédition version illustrée avec Pascal Lemaître, novembre 2014.

Terre-Mère : homicide volontaire ? Entretiens avec Jacques Olivier Durand, Le Navire en pleine ville, 2007.

Manifeste pour la Terre et l'humanisme, Actes Sud, 2008.

Vers la sobriété heureuse, Actes Sud, 2010.

Éloge du génie créateur de la société civile, Actes Sud, 2011.

Petit cahier d'exercices de tendresse pour la terre et l'humain, avec Anne van Stappen, Jouvence, 2012.

Pierre Rabhi, semeur d'espoirs, entretiens avec Olivier Le Naire, Actes Sud, 2013.

Se changer, changer le monde, Pierre Rabhi, Matthieu Ricard,

Christophe André, Jon Kabat-Zinn sous la direction d'Ilios Kotsou et Caroline Lesire, L'Iconoclaste, 2013.

Le monde a-t-il un sens ?, avec Jean-Marie Pelt, Fayard, Paris, 2014.

Nos voies d'espérance, collectif sous la direction de O. Le Naire, Actes Sud, 2014.

L'Agroécologie, une éthique de vie, entretiens avec Jacques Caplat, Actes Sud, 2015.

La Puissance de la modération, Éditions Hozhoni, 2015.

La Convergence des consciences, avec Bernard Chevilliat, Le Passeur, 2016.

Pour en finir avec la faim dans le monde, avec Juliette Duquesne, collection "Carnets d'alerte", Presses du Châtelet, 2017.

Les Semences. Un patrimoine vital n voie de disparition, avec Juliette Duquesne, collection "Carnets d'alerte", Presses du Châtelet, 2017.

Les Excès de la finance ou l'Art de la prédation légalisée, avec Juliette Duquesne, collection "Carnets d'alerte", Presses du Châtelet, 2017.

L'Enfant du désert, avec Claire Eggermont et Marc N'Guessan, Plume de carotte, 2017.

Demain entre tes mains, avec Cyril Dion, Actes Sud Junior, 2017.

L'Eau que nous sommes. Un élément vital en péril, avec Juliette Duquesne, collection "Carnets d'alerte", Presses du Châtelet, 2018.

J'aimerais tant me tromper, dialogues avec Denis Lafay et illustrations de Pascal Lemaître, L'Aube, 2019.

Vivre mieux sans croissance, avec Juliette Duquesne, collection "Carnets d'alerte", Presses du Châtelet, 2019.

Frères d'âme, avec Edgar Morin et Denis Lafay, L'Aube, 2021.

Sur Pierre Rabhi :

Rachel et Jean-Pierre Cartier, *Pierre Rabhi. Le chant de la Terre*, Éditions de la Table ronde, 2002, réédition 2012.
Serge Orru, *Pierre Rabhi, le fertile*, Textuel, 2012.

OUVRAGE RÉALISÉ
PAR L'ATELIER GRAPHIQUE ACTES SUD
REPRODUIT ET ACHEVÉ D'IMPRIMER
EN SEPTEMBRE 2021
PAR NORMANDIE ROTO IMPRESSION S.A.S.
À LONRAI
POUR LE COMPTE DES ÉDITIONS
ACTES SUD
LE MÉJAN
PLACE NINA-BERBEROVA
13200 ARLES

DÉPÔT LÉGAL
1re ÉDITION : OCTOBRE 2021
N° impr. : 2104320
(Imprimé en France)